Alles über Zinsanlagen

Stefanie Kühn, Markus Kühn

Alles über

Zinsanlagen

Inhaltsverzeichnis

58

Was hat die Inflationsrate mit Ihrem Festgeldkonto zu tun?

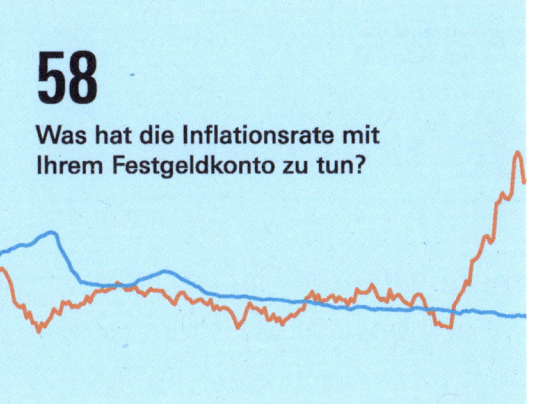

75

Hier können Sie getrost anlegen: Wo Ihr Geld durch die europäische Einlagensicherung geschützt ist.

92

Warum der Kurswert von Anleihen schwankt – und wann Sie am besten kaufen.

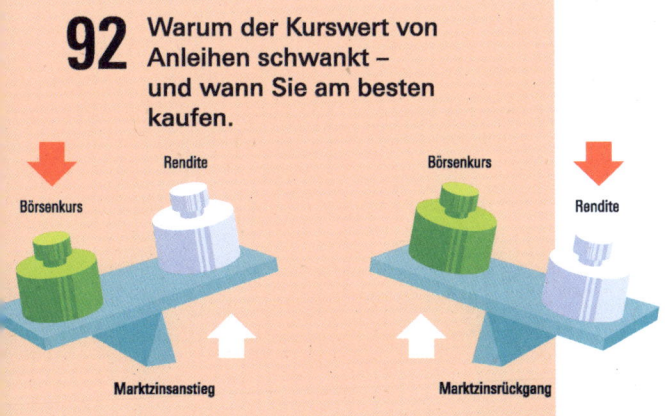

Was wollen Sie wissen?

Zinsanlagen sind ein wesentlicher Bestandteil jedes gut strukturierten Vermögens. Ihr Vorteil besteht vor allem in der meist geringen Wertschwankung. In Zeiten höherer Inflation und eines sich verändernden allgemeinen Zinsniveaus lohnt es sich, sich mit Festgeldanlagen, Anleihen und Renten-ETF auszukennen. Nur wenn Sie aus dem breiten Angebot die richtigen Anlagen für Ihre Ziele auswählen, werden Ihre Erträge nicht nur sicher sein, sondern auch höher ausfallen.

Warum sollte ich mein Geld nicht einfach auf dem Girokonto belassen?

Auf dem Girokonto ist Ihr Geld zwar täglich verfügbar, wird aber nicht verzinst. Sie können sich dann in der Zukunft von dem gleichen Betrag weniger leisten. Dafür sorgt die Inflation. Je höher diese ausfällt, umso teurer wird die allgemeine Lebenshaltung. Schon geringe Inflationsraten können sich dramatisch auf die Kaufkraft Ihres Geldes auswirken. Nur wenn der erzielte Zins für Ihr angelegtes Geld höher als die Inflationsrate ist, verlieren Sie letztlich kein Geld. In der Vergangenheit konnte man schon mit täglich verfügbaren Tagesgeldkonten die niedrige Inflation relativ einfach schlagen. Angesichts der heutzutage höheren Inflation ist es schwierig, höhere Zinsen als die Inflationsrate zu erzielen. Je besser Sie aber im Zinsbereich anlegen, umso mehr bleibt von Ihrem Geld und seiner Kaufkraft übrig. Mehr dazu erfahren Sie auf den Seiten 56 f.

Was sind Rentenfonds und -ETF?

Rentenfonds investieren in erster Linie in Anleihen (auch als Renten bezeichnet). Anleger haben die Wahl zwischen aktiv gemanagten Fonds, bei denen Fondsmanager die Anlageentscheidungen treffen, und Renten-ETF, die einen Anleihenindex kopieren. Rentenfonds und Renten-ETF sind wie Anleihen jederzeit an der Börse handelbar. Je nachdem, welche Art Anleihen der Rentenfonds schwerpunktmäßig hält, kann man grob zwischen Rentenfonds Staatsanleihen und Rentenfonds sonstige Anleihen (etwa Pfandbriefe und Unternehmensanleihen) unterscheiden. Die Produkte am Markt unterscheiden sich auch nach den Regionen, aus denen die Emittenten kommen, der Währung und den Laufzeiten der Anleihen, die die Fonds halten. Länger laufende Anleihen reagieren grundsätzlich stärker auf Änderungen des Marktzinses als Kurzläufer, rentieren aber oft höher. Mehr dazu ab Seite 142.

Ist es nicht riskant, in Rentenfonds zu investieren?

Investmentfonds unterliegen strengen gesetzlichen Vorgaben. Das Fondsvermögen ist als sogenanntes Sondervermögen vor einer Insolvenz der Fondsgesellschaft oder einer Veruntreuung durch das Fondsmanagement geschützt. Die Fondsgesellschaft ist verpflichtet, die Anteile eines Anlegers jederzeit (Ausnahme: offene Immobilienfonds) zum gültigen Rücknahmepreis zurückzunehmen. Dennoch sind Fonds keine risikolosen Anlagen: Neben dem allgemeinen Marktrisiko (zum Beispiel längere Verlustphasen am Aktien- oder Rentenmarkt) gibt es weitere Risiken, die sich auf die Wertentwicklung eines Fonds negativ auswirken können und die Anleger kennen sollten. Dazu gehört etwa bei aktiv gemanagten Rentenfonds, dass der Fondsmanager die „falschen" Anleihen aussucht. Auch Währungsverluste können die Fondsrendite negativ beeinflussen. Aufgrund der breiten Streuung über viele Einzelanlagen ist ein Totalverlust mit Fonds hingegen sehr unwahrscheinlich. Mehr dazu siehe Seite 143 f.

Was sind Zinsportale?

Im Internet finden Anleger Plattformen, die Sparern gut verzinste Zinsangebote bei ausländischen Banken vermitteln, die sonst für sie nicht erreichbar wären. Dazu müssen die Kunden der Plattform nur einmal ihre Identität nachweisen und ein Verrechnungskonto bei der deutschen Partnerbank der Plattform eröffnen. Auch wenn die Portale auf ihren Internetseiten damit werben, dass ihre Angebote bequem abgeschlossen und verwaltet werden, sollten Sparer genauer hinschauen, denn einige Angebote haben durchaus Haken. Die Plattformen haben auch viele Angebote von Auslandsbanken aus Ländern mit schwacher Wirtschaftsleistung im Programm. Bei einigen Ländern ist fraglich, ob diese Anleger im Pleitefall der ausländischen Bank zeitnah und umfassend entschädigen können, auch wenn in diesen Ländern die seit 2008 in allen EU-Staaten festgeschriebene gesetzliche Einlagensicherung gilt. Dennoch gibt es interessante Anlagemöglichkeiten bei den Zinsportalen. Mehr dazu ab Seite 66.

Wie sicher sind Spareinlagen bei Banken?

Wenn Sie sicher sein wollen, Ihr Erspartes auch dann nicht zu verlieren, wenn die Bank pleitegeht, bei der Sie angelegt haben, müssen Sie auf die Einlagensicherung achten. Bei Banken in der Europäischen Union sind sogenannte Einlagen wie Tages- und Festgelder bis zu 100 000 Euro pro Kunde und Bank gesetzlich geschützt. Kurzfristig kann sich der Einlagenschutz unter bestimmten Umständen sogar auf 500 000 Euro erhöhen. Die gesetzliche Einlagensicherung in der EU ist aber nur so vertrauenswürdig wie die Bonität des dahinterstehenden Landes. Nicht unter die gesetzliche Einlagensicherung fallen unter anderem die gern von Banken vertriebenen Zertifikate. Einzelheiten zur Einlagensicherung erfahren Sie auf den Seiten 75 ff.

Warum ändert sich der Kurs einer Anleihe ständig?

Im Unterschied zu den festverzinslichen Sparprodukten der Banken können Anleihen während ihrer Laufzeit an der Börse verkauft werden. Der Verkaufspreis richtet sich nach Angebot und Nachfrage und schwankt daher. Der Kurswert gibt den aktuellen Wert einer Anleihe relativ zum Nennwert an. Er wird üblicherweise in Prozent notiert. Ist eine Anleihe stark nachgefragt, weil Anleger diese etwa in Krisenzeiten als besonders sicher erachten, kann der Kurswert über 100 Prozent betragen. Umgekehrt kann der Kurs weit unter 100 Prozent liegen, wenn schlechte Nachrichten über den Emittenten kursieren und Inhaber

der Anleihe befürchten, ihr Geld am Ende der Laufzeit nicht mehr zurückzubekommen. Der Kurswert wird zudem von den aktuellen Marktzinsen beeinflusst. Steigen die Marktzinsen, fällt der Kurs einer bereits laufenden Anleihe, denn Anleger wollen dann lieber neue Anleihen mit höherem Zins kaufen. Hingegen steigt die Rendite der bereits laufenden Anleihen, da diese aufgrund des gefallenen Kurses günstiger gekauft werden können. Kaufen Sie eine Anleihe während der Laufzeit zu einem Kurswert, der von ihrem Nennwert abweicht, können Sie zusätzliche Kursgewinne oder -verluste erzielen. Einzelheiten erfahren Sie ab Seite 92.

Eine Anleihe hat ein BBB-Rating. Was bedeutet das?

Wenn Ihnen die Sicherheit einer Anleihe wichtig ist, also vor allem, dass der Schuldner der Anleihe (Emittent) die versprochenen Zinsen zahlt und die Anlagesumme am Ende Laufzeit zurückzahlt, müssen Sie auf die Bonität des Emittenten achten. Für Privatanleger ist es aber schwer, die Bonität ei-

nes Staates oder Unternehmens, das Anleihen herausgibt, zu beurteilen. Eine Orientierung können hier die Einstufungen von Ratingagenturen wie Standard & Poor's (S & P), Moody's oder Fitch sein. Details zu Ratings von Anleihen finden Sie auf den Seiten 97 ff.

Sind Staatsanleihen nicht die sicherste Geldanlage?

Zur Finanzierung ihres Haushalts geben viele Staaten der Welt Anleihen heraus, um sich Geld von Anlegern zu leihen. Es gibt Staatsanleihen in ganz unterschiedlichen Ausprägungen wie zum Beispiel hinsichtlich der Währung oder der Laufzeit. Entscheidend für die Sicherheit ist auch bei Staatsanleihen die Bonität des Staates, der die Anleihe herausgibt. Besonders sicher sind auch hier Wertpapiere mit einem AAA-Rating („Triple-A"). Es gibt aber nur wenige Länder, die diese Bonitätsstufe erreichen. Schon innerhalb der Eurozone unterscheiden sich die Bonitäts- und Ausfallrisiken stark. Staatsanleihen aus Schwellenländern locken oft mit höheren Renditen, da dort das Risiko entsprechend höher ist. Fremdwährungsanleihen bieten Währungsrisiken, aber ebenso auch Währungschancen. Mehr dazu finden Sie ab Seite 108.

Was ist ein Floater?

Floating Rate Notes, kurz Floater, haben einen variablen Zinssatz, der an einen bestimmten Referenzzinssatz gekoppelt ist. Sinkt dieser Referenzzinssatz, fällt auch der Zinssatz des Floaters und umgekehrt. Sie eignen sich vor allem für Anleger, die mit steigenden Marktzinsen rechnen. Der Kurswert dieser Anleihen liegt meist nah am Rückzahlungskurs, da der Zins an die Marktzinsentwicklung angepasst wird. Es gibt Floating Rate Notes in vielen Varianten wie Reverse-Floater, Cap- oder Floor-Floater oder gemischte Floater. Siehe dazu Seite 126 f.

Sind Wandelanleihen eine Alternative zur Aktienanlage?

Wandelanleihen sind festverzinsliche Wertpapiere, bei denen Anlegern zusätzlich das Recht eingeräumt wird, sie innerhalb einer bestimmten Frist in Aktien des Herausgebers umzutauschen. Dafür ist der Zinssatz der Wandelanleihen meist niedriger als bei normalen Unternehmensanleihen. Mit Wandelanleihen können Anleger mit eingeschränkten Gewinnchancen, dafür aber auch begrenztem Risiko am Börsenaufschwung eines Unternehmens teilhaben. Die Anleihekomponente sichert Anlegern auch bei fallenden Aktienkursen Erträge. Dafür sind die Zinsen meist geringer als bei vergleichbaren Unternehmensanleihen. Da jede Wandelanleihe anders ausgestaltet ist, müssen Sie die Wandlungsbedingungen genau prüfen. Mehr dazu auf Seite 128 f.

Ich rechne mit steigenden Zinsen. Soll ich trotzdem noch in Festgeldern anlegen?

Anleger, die darauf warten, dass die Zinsen steigen und deshalb nicht in neue Zinsanlagen investieren, lassen sich in der Zwischenzeit einiges an Zinserträgen entgehen. Es ist auch nicht ausgeschlossen, dass die Notenbanken in absehbarer Zeit die Leitzinsen wieder senken und sich dann wieder niedrigere Marktzinsen etablieren. Wenn Sie bei der Zinsanlage flexibel bleiben wollen und nicht Ihr gesamtes Geld in eine Laufzeit festlegen wollen, fahren Sie gut mit der sogenannten Treppenstrategie. Diese Strategie verbindet die beiden Anlageziele „Sicherheit" und „Flexibilität" bei höherer Rendite als Tagesgeldniveau. Wie genau sie funktioniert, erfahren Sie auf Seite 158 ff.

Die ersten Schritte

Da festverzinsliche Anlagen in der Regel kalkulierbarer und schwankungsärmer als andere Anlageformen wie zum Beispiel Aktien sind, gehören sie als Grundbaustein zu jeder Anlagestrategie. Sie werden bei Ihrer Geldanlage besonders erfolgreich sein, wenn Sie wissen, worauf Sie achten müssen, um verschiedene Investments optimal aufeinander abzustimmen. Ihre ganz persönlichen Ziele sollten sich in Ihren Geldanlagen widerspiegeln. In diesem Kapitel erfahren Sie, worauf Sie dabei achten müssen.

Das ist wichtig bei der Geldanlage

Der Erfolg der Geldanlage hängt in erster Linie davon ab, wie gut sie geplant ist. Die Auswahl der Einzelprodukte ist erst der zweite Schritt.

In den vergangenen Jahren sahen Anleger an den Börsen einige Turbulenzen. Corona-Pandemie, Ukraine-Krieg, Inflation und Rezessionssorgen führten zu Kurs- und Wertverlusten. Angesichts derartiger Krisen stellt sich für viele die Frage: Worauf kommt es beim Thema Geldanlage eigentlich an?

Wichtiger denn je ist ein solides Grundwissen über die vielen Anlagemöglichkeiten, die sich in einer global vernetzten Welt ergeben. Denn gerade auch in Krisensituationen an den Finanzmärkten hat sich in der Vergangenheit gezeigt, dass der langfristige Erfolg der Geldanlage nicht von irgendwelchen Finanzprodukten abhängt, die beispielsweise hohe Renditen oder besondere Krisensicherheit versprechen. Ihre Geldanlagen müssen zu Ihren Zielen und Erwartungen passen. Dann werden Sie die besten Ergebnisse erzielen. Eine genaue Analyse Ihrer persönlichen Ausgangssituation am Anfang jeder Anlageentscheidung stehen. Wo stehen Sie heute finanziell? Wofür wollen Sie sparen, wann benötigen Sie das Geld wieder, wie sicher sollen Ihre Anlagen sein, und welche Rendite streben Sie an?

All diese Fragen zu klären und dann die richtigen Entscheidungen zu treffen, erfordert einen gewissen Aufwand. Aber schließlich arbeiten Sie hart für Ihr Geld, und das Gleiche sollte Ihr Geld für Sie tun.

Das magische Dreieck der Geldanlage

Die ideale Geldanlage brächte eine hohe Rendite, wäre absolut sicher und könnte jederzeit wieder ohne Verlust zu Geld gemacht werden. Leider gibt es diese eine Geldanlage nicht. Sie können zwar aus einer unüberschaubaren Anzahl an Finanzprodukten auswählen. Aber bei keiner Anlageform sind optimaler Ertrag, maximale Sicherheit und jederzeitiger Zugriff gleichzeitig zu erreichen. Sonst hätte man die eierlegende Wollmilchsau der Geldanlage gefunden.

Ein bekanntes Modell, um diese Zielkonflikte zu beschreiben, ist das „Magische Dreieck der Geldanlage". Dieses hat nichts mit Zauberei zu tun, sondern veranschaulicht, dass bei jeder Anlage grundsätzlich drei verschiedene Ziele verfolgt werden. Diese sind Rendite, Sicherheit und Verfügbarkeit einer Anlage, Fachleute sprechen von Liquidität. Sie bilden die Eckpunkte des magischen Dreiecks. Oft muss man bei einer Anlage Abstriche bei einem Ziel machen, wenn ein anderes stärker im Vordergrund steht.

Das magische Dreieck

Rendite
Wie hoch ist der mögliche Wertzuwachs?

Sicherheit
Wie hoch sind die Risiken
der Anlage?

Verfügbarkeit
Wie leicht lässt sich die Anlage
zu Bargeld machen?

So besteht beispielsweise zwischen den Zielen Rendite und Sicherheit regelmäßig ein Konflikt, da der Preis für höhere Renditechancen fast immer ein höheres Risiko und damit eine weniger sichere Anlage ist.

Man könnte das magische Dreieck noch um weitere Eckpunkte erweitern. So können weitere wichtige Kriterien bei der Geldanlage sein:

▶ Bequemlichkeit. Wie viel Aufwand möchten Sie mit der Auswahl und Verwaltung einer Geldanlage in Kauf nehmen?

▶ Ethische Gesichtspunkte. Das können Fragen sein, wie „Welche Auswirkungen hat das Investment auf die Umwelt, zukünftige Generationen oder die Menschen eines Landes?"

▶ Steuern. Auch Steuersparmöglichkeiten werden vereinzelt als Eckpunkt eines magischen Vielecks angesehen.

Diese Zielkonflikte zeigen, dass es bei der Auswahl der richtigen Anlageform vor allem auf eines ankommt: Sie muss zu Ihren Anlagezielen passen. Sie müssen wissen, zu welchem Zweck und wie lange Sie Ihr Geld anlegen wollen. So haben unter anderem Ihr Alter, Ihr Familienstand und Ihre persönlichen Lebensumstände Einfluss auf die Wahl der für Sie passenden Geldanlagen. Ihre persönlichen Anlageziele können zum Beispiel sein:

▶ Ich möchte die Familie absichern

▶ Ich möchte für bestimmte Anschaffungen sparen

▶ Ich möchte fürs Alter vorsorgen

▶ Ich möchte Geld für die Ausbildung meiner Kinder zurücklegen

▶ Ich benötige Eigenkapital, weil ich ein Haus oder eine Wohnung kaufen möchte

▶ Ich möchte Rücklagen für Notfälle bilden

▶ Ich möchte vorzeitig in den Ruhestand gehen

Das bringt der Zinseszinseffekt bei Einmalanlagen

So viel Euro haben Sie bei einer Anlagesumme von 10 000 Euro nach … Jahren Laufzeit bei einem Zinssatz von … Prozent.

Laufzeit in Jahren	Anlageergebnis einer Einmalanlage von 10 000 Euro bei einem Zins von						
	0,5 %	1,0 %	2,0 %	3,0 %	4,0 %	5,0 %	6,0 %
1	10 050	10 100	10 200	10 300	10 400	10 500	10 600
2	10 100	10 201	10 404	10 609	10 816	11 025	11 236
3	10 151	10 303	10 612	10 927	11 249	11 576	11 910
4	10 202	10 406	10 824	11 255	11 699	12 155	12 625
5	10 253	10 510	11 041	11 593	12 167	12 763	13 382
6	10 304	10 615	11 262	11 941	12 653	13 401	14 185
7	10 355	10 721	11 487	12 299	13 159	14 071	15 036
8	10 407	10 829	11 717	12 668	13 686	14 775	15 938
9	10 459	10 937	11 951	13 048	14 233	15 513	16 895
10	10 511	11 046	12 190	13 439	14 802	16 289	17 908
11	10 564	11 157	12 434	13 842	15 395	17 103	18 983
12	10 617	11 268	12 682	14 258	16 010	17 959	20 122
13	10 670	11 381	12 936	14 685	16 651	18 856	21 329
14	10 723	11 495	13 195	15 126	17 317	19 799	22 609
15	10 777	11 610	13 459	15 580	18 009	20 789	23 966
16	10 831	11 726	13 728	16 047	18 730	21 829	25 404
17	10 885	11 843	14 002	16 528	19 479	22 920	26 928
18	10 939	11 961	14 282	17 024	20 258	24 066	28 543
19	10 994	12 081	14 568	17 535	21 068	25 270	30 256
20	11 049	12 202	14 859	18 061	21 911	26 533	32 071

▸ Ich plane eine Weltreise
▸ Ich möchte ein Unternehmen gründen

Wenn Sie sich im Klaren über Ihre Spar- und Anlageziele sind, wissen Sie auch, welcher Eckpunkt des magischen Dreiecks für Sie Priorität hat und wo Sie bereit sind, Einschränkungen in Kauf zu nehmen. So ist beispielsweise beim Ziel „Altersvorsorge" die Verfügbarkeit der Anlage nicht so wichtig, wohl aber die Rendite und die Sicherheit.

Die Rendite einer Anlage

Die Rendite oder auch Rentabilität einer Anlage zeigt ihren Erfolg. Vereinfacht gesagt ist dies der Ertrag, den das eingesetzte Kapital innerhalb einer bestimmten Zeit erwirtschaftet. Die Rendite wird üblicherweise auf ein Jahr umgerechnet und in Prozent angegeben.

Je nachdem, um welche Art der Anlage es sich handelt, kann die Rendite schon von Anfang an feststehen, oder sie ergibt sich erst mit der Veräußerung der Anlage. Bei den meisten festverzinslichen Produkten lässt sich die Rendite vorab berechnen, wenn Anleger sie bis zum Laufzeitende halten. Denn die für die Renditeberechnung notwendigen Angaben wie Rückzahlungstermin und jährliche Ausschüttungen sind von Anfang an festgelegt. Anders sieht es im Aktien- oder Fondsbereich aus. Diese haben keine feste Laufzeit, sodass die Rendite nur zu einem bestimmten Stichtag oder beim Verkauf rückwirkend bestimmt werden kann. Die Rendite einer Aktienanlage hängt insbesondere von der Wertentwicklung und den Ausschüttungen ab. Letztere, die so-

genannte Dividende, ist wiederum vom Jahresgewinn des Unternehmens abhängig.

Generell gilt: Je größer die Renditechancen, desto größer das Risiko. Bei Anlagen, bei denen auch die Substanz an Wert gewinnen kann – zum Beispiel bei Aktien und Immobilien –, sind höhere Erträge möglich als bei Festzinsanlagen, bei denen nur ein Zinsertrag fließt, der Substanzwert aber gleich bleibt. Aktien und Immobilien können dafür aber an Wert verlieren, wenn es schlecht läuft. Suchen Sie eine sehr sichere Anlage, bei der Verluste ausgeschlossen sind, müssen Sie daher auf Renditechancen verzichten. Kommt es Ihnen hingegen auf hohe Ertragschancen an, müssen Sie mögliche Verluste in Kauf nehmen.

Im Zweifel für die Verfügbarkeit

Bei zwei Anlagen mit annähernd gleicher Sicherheit und gleichen Ertragschancen sollten Sie grundsätzlich die mit der höheren Liquidierbarkeit wählen, also diejenige, die Sie schneller wieder zu Geld machen können.

Ein häufig anzutreffender Glaubenssatz ist: „Ein Prozent mehr oder weniger Rendite – was macht das schon?" Wenn Sie Ihre Erinnerung an Zinseszins-Berechnungen, die Sie sicherlich im Mathematikunterricht gemacht haben, hervorholen und anwenden, werden Sie sehen, dass ein Prozent mehr Rendite eine ganze Menge ausmachen kann. Auch ohne Rechenkünste können Sie den Zinseszins einer Anlage leicht mit Rechentools im Internet berechnen, wie zum Beispiel unter www.zinsen-be rechnen.de/zinsrechner.php.

Einen Überblick über die Bedeutung des Zinseszinses gibt Ihnen die Tabelle „Das bringt der Zinseszinseffekt bei Einmalanlagen". Sie sehen daraus, dass Sie bei einer Anlagesumme von 10 000 Euro schon nach zehn Jahren leicht mehr als 1 000 Euro extra verdienen können, wenn Sie nur ein Prozent mehr Rendite erzielen. Legen Sie noch länger an, kann sich der Zinseszinseffekt besonders gut auswirken. Legen Sie 20 Jahre lang an und erzielen jährlich 4 Prozent Rendite, erhalten Sie insgesamt 11 911 Euro Zinsen. Bei 3 Prozent Rendite wären es nur 8 061 Euro. Bezogen auf Ihr eingesetztes Kapital von 10 000 Euro würden Sie bei 4 Prozent Verzinsung 38,5 Prozent (3 850 Euro) – nicht nur 1 Prozent – mehr Geld zurückbekommen, als wenn Sie nur für 3 Prozent anlegen würden. Deshalb unterscheiden Fachleute zwischen Prozent und Prozentpunkt. Genau genommen beträgt der Unterschied zwischen 3 und 4 Prozent Rendite nicht ein Prozent, wie man gern umgangssprachlich sagt, sondern einen Prozentpunkt. Und ein Prozentpunkt mehr oder weniger Rendite macht eine ganze Menge aus – eben weit mehr als ein Prozent. Wenn Sie wissen wollen, wie rentabel Ihre Anlagen wirklich waren, dürfen Sie nicht nur auf die Erträge, die sogenannte Bruttorendite, schauen. Denn einen Teil der Bruttorendite zehren Kosten (zum Beispiel Depotgebühren, Kauf- und Verkaufsgebühren, Provisionen) wieder auf. Auch das Finanzamt will in Form von Steuern an Ihrem Anlageerfolg beteiligt werden. Was Ihnen danach ver-

bleibt, ist die Nettorendite Ihrer Anlagen nach Steuern. Ist diese niedriger als die allgemeine Steigerung der Lebenshaltungskosten (Inflation), haben Sie letztlich sogar Geld verloren.

Das bleibt von Ihrer Investition nach Abzug der Inflation – ein Beispiel:

Anlagebetrag	10 000,00 €
minus Kaufgebühren	– 50,00 €
Tatsächliche Anlage	9 950,00 €
3 % Zinsen auf 9 950 Euro	298,50 €
minus Abgeltungsteuer auf Zinsen	– 78,73 €
minus Verkaufsgebühren von 0,5 % auf die tatsächliche Anlage	– 49,75 €
minus Kaufkosten	– 50,00 €
Ertrag nach Kosten und Steuern	120,02 €
Nettorendite nach Steuern in Prozent	1,2 %
Inflationsrate	– 3,0 %
Ergebnis nach Inflation	– 1,8 %

Manchmal schreiben Banken und Finanzdienstleister in ihren Werbebroschüren von der „durchschnittlichen Wertentwicklung" einer Anlage. Diese ist grundsätzlich höher als die Rendite. Hier wird der Zinseszinseffekt zur Beschönigung der Ertragsstärke des angebotenen Produktes missbraucht.

Sicherheit und Risiken

Unter Sicherheit verstehen die meisten Anleger die Wahrscheinlichkeit, das eingesetzte Kapital am Ende der Laufzeit oder bei einem Verkauf wieder vollständig zurückzubekommen. Einige Beispiele aus der jüngeren Vergangenheit zeigen, dass scheinbar sichere Anlagen wertlos werden können. So hat etwa niemand gedacht, dass eine große amerikanische Bank wie Lehman Brothers pleitegehen könnte und deshalb von ihr begebene Zertifikate wertlos werden könnten. Auch Zahlungsausfälle bei europäischen Staatsanleihen hielt bis zum Ausbruch der Euro-Krise keiner für möglich.

Kapitalverluste können auch andere Gründe haben, die je nach Anlageklasse (Aktien, Festzinsanlagen, Immobilien etc.) unterschiedlich ausgeprägt sind. So kann vielleicht nicht der gesamte Kapitaleinsatz gefährdet sein, dafür besteht möglicherweise die Gefahr, dass die Erträge geringer ausfallen als erwartet (Ertragsrisiko). Das kann beispielsweise der Fall sein, wenn der Herausgeber einer Anleihe in Zahlungsschwierigkeiten gerät und daher Zinszahlungen ausbleiben oder eine Immobilie nur zu einem geringeren Mietpreis weitervermietet werden kann. Bei börsennotierten Wertpapieren müssen Sie einkalkulieren, dass diese im Wert schwanken können (Kursrisiko). Daneben besteht bei Anlagen in fremder Währung ein Währungsrisiko. Ändert sich der Wechselkurs der fremden Währung zum Euro, beeinflusst das den Wert Ihres Investments.

Grundsätzlich gilt, dass mit den Renditechancen von Anlagen auch deren Risiken steigen. So bieten Anlagen, die solche Risiken aufweisen, auch entsprechende Chancen. Entwickelt sich ein Unternehmen besonders gut, steigen in der Regel die Dividenden (Ertragschance) und der Aktienkurs (Kurschance). Ein Währungsrisiko stellt gleichzeitig eine Währungschance dar und Ihre Rendite steigt,

Gut zu wissen

Achten Sie auf den Effektivzins. Lassen Sie sich nicht von der „durchschnittlichen Wertentwicklung" oder von „Bonuszahlungen" blenden. Achten Sie auf die effektive Rendite beziehungsweise den Effektivzins. Nur so können Sie beurteilen, ob eine Anlage rentabel ist. Banken rechnen manchmal anders: Wird eine zweijährige Anlage von 10 000 Euro mit 3 Prozent verzinst, beträgt ihre Rendite eben 3 Prozent. Der Anleger erhält nach zwei Jahren 10 609 Euro (10 000 x 3 Prozent = 300 Euro für das erste, 10 300 x 3 Prozent = 309 Euro für das zweite Jahr). Die durchschnittliche Wertentwicklung beträgt aber 3,045 Prozent. Dazu werden die Zinsen von 609 Euro durch die Zahl der Jahre geteilt und ausgeblendet, dass sich das effektiv eingesetzte Kapital durch die gutgeschriebenen Zinsen jedes Jahr um die anteiligen Jahreszinsen erhöht. Bei einer längeren Laufzeit vergrößert sich der Unterschied zwischen durchschnittlicher Wertentwicklung und Rendite. Können Sie die tatsächliche Rendite nicht selbst ermitteln, fragen Sie Ihren Berater danach und lassen Sie sich die Höhe des Kapitals einschließlich der Erträge am Ende der Laufzeit ausrechnen.

wenn der Euro-Wechselkurs nach dem Kauf einer ausländischen Aktie fällt. Sie erhalten dann beim Verkauf in Euro mehr Euros für Ihre Aktie.

Sie müssen bei jeder Geldanlage genauer hinschauen, welche Risiken (und damit auch Chancen) diese aufweist, und abwägen, ob Sie lieber mehr Sicherheit oder mehr Rendite haben wollen.

Verfügbarkeit – Liquidität

Die größten Zielkonflikte im magischen Dreieck der Geldanlage bestehen in der Regel zwischen den Ertragsaussichten und der Sicherheit einer Anlage. Daneben spielt aber auch die Liquidität eine entscheidende Rolle bei der Suche nach der individuell passenden Anlageform. Je liquider Ihre Geldanlagen sind, umso schneller können Sie wieder über sie verfügen. Der Haken dabei ist, dass liquidere Anlagen oft niedrigere Renditen erwarten lassen. Zum Beispiel erhalten Sie grundsätzlich höhere Zinsen bei Festzinsanlagen, je länger Sie Ihr Geld festlegen. Für das höchst liquide Girokonto erhalten Sie in der Regel keine Zinsen.

Einen Teil Ihres Vermögens müssen Sie liquide halten, um Ihre täglichen Rechnungen und auch die außerplanmäßigen bezahlen zu können. Dafür benötigen Sie eine ↗ Notfallreserve. Wenn Sie nicht liquide genug sind, weil Sie Ihr gesamtes Geld in langlaufende Anlagen gesteckt haben, besteht die Gefahr, dass Sie sich für ungeplante Ausgaben Geld leihen und dafür Verzugs- und Überziehungszinsen zahlen müssen, die höher sind als die Renditen Ihrer Geldanlagen. Achten Sie daher auf eine Balance zwischen Liquidität und Renditechancen Ihrer Anlagen.

Neben Anlagen, bei denen Sie von vornherein wissen, dass Sie erst nach einer bestimmten Zeit wieder an Ihr Geld kommen, gibt es Anlagen, die Sie zwar täglich verkaufen und zu Geld machen können, aber es ist ungewiss, zu welchem Preis. Eine Aktie ist sehr liquide, da sie börsentäglich verkauft werden kann – der Preis in der Zukunft ist jedoch unbekannt. Es kann daher sein, dass die Aktie gerade tief im Minus steckt, wenn Sie das Geld zu einem bestimmten Zeitpunkt in nicht allzu ferner Zukunft brauchen. Möchten Sie beispielsweise liquide bleiben, weil Sie nach einer Immobilie für sich und Ihre Familie suchen, wäre ein Aktieninvestment daher nicht die für Sie passende liquide Anlage.

Wie bequem soll es sein?

Für manchen Anleger sind ein geringer Aufwand sowie die leichte Verständlichkeit wichtige Faktoren bei der Entscheidung für eine Geldanlage. Das magische Dreieck der Geldanlage wird sozusagen um den Punkt „Bequemlichkeit" zum Viereck erweitert. Eine bequeme Geldanlage zeichnet sich grundsätzlich dadurch aus, dass Sie diese und das Marktumfeld während der Laufzeit kaum beobachten müssen. Beispiele für solche Anlagen sind Festzinsanlagen bei Banken und Sparkassen. Diese kann ein Anleger nach dem Abschluss grundsätzlich einfach bis zum Ende der Laufzeit liegen lassen. Würde er mit seinem Geld hingegen ein Portfolio aus Einzelaktien aufbauen, sollte er dieses regelmäßig beobachten, um auf Marktveränderungen oder Unternehmensnachrichten reagieren zu können.

Anleger müssen bei bequemen Produkten meist bereit sein, teilweise erhebliche Abstriche bei der Rendite in Kauf zu nehmen. Zumindest innerhalb der gleichen Produktart sollten sich aber auch bequeme Anleger die Mühe machen, die besten Angebote zu finden, denn auch dort können die Ertragsaussichten stark voneinander abweichen. So kann beispielsweise das Festzinsangebot der Hausbank wesentlich schlechter sein als das einer Direktbank.

Nicht alle Eier in einen Korb

Vorsichtige Sparer und Anleger, die mit riskanteren Anlageformen einmal Verluste erlitten haben, neigen dazu, ihr Kapital ausschließlich in eine Anlageform zu stecken, die sie für sicher halten. Doch wer sein ganzes Geld auf einem Sparbuch oder in deutschen Staatsanleihen parkt, begeht womöglich einen schwe-

Mehr dazu siehe „Eine Notfallreserve ist Pflicht", S. 26.

ren Anlagefehler. Will er beispielsweise für sein Alter vorsorgen, könnte die erwirtschaftete Rendite viel zu niedrig sein, um im Ruhestand davon leben zu können.

Viele Untersuchungen haben bestätigt, dass Anleger das Risiko ihrer Geldanlagen senken können, wenn sie „nicht alle Eier in einen Korb legen". Fällt der Korb runter, sind alle Eier kaputt. Hat man die Eier (das zur Verfügung stehende Geld) auf mehrere Körbe (Anlageklassen und -produkte) verteilt, ist das Verlustrisiko wesentlich geringer. Das ist der Kern der modernen Portfoliotheorie, für die Harry Markowitz 1989 den Nobelpreis für Wirtschaftswissenschaften erhielt. Markowitz wies nach, dass eine vernünftige Streuung des Kapitals auf verschiedene Anlageformen und -länder das Verlustrisiko eines Portfolios vermindern und dabei sogar die Renditechancen erhöhen kann. Auch wenn es verschiedene Kritikpunkte an der Portfoliotheorie gibt und Teile davon sogar als überholt gelten, ist diese Kernaussage weiterhin richtig.

Der erste Überblick

Bevor Sie Geld investieren, sollten Sie wissen, was Sie schon besitzen und wie viel Sie überhaupt zum Anlegen übrig haben. Starten Sie mit einer Bestandsaufnahme und einer Notfallreserve.

Bevor Sie mit dem Investieren beginnen, müssen Sie erst einmal herausfinden, wie viel Geld Ihnen dafür überhaupt zur Verfügung steht. Haben Sie eine bestimmte Summe geerbt und wollen diese jetzt anlegen, kennen Sie den Anlagebetrag natürlich. Im ersten Schritt sollten Sie überlegen, ob Sie eventuelle Kredite ablösen können. Meist bietet das die höchste Rendite. Das ziehen Sie vom zur Verfügung stehenden Geld ab, der Rest ist Ihr Anlagebetrag.

Anders ist es, wenn Sie auf ein Ziel hin sparen. Wollen Sie beispielsweise für die Altersvorsorge regelmäßig sparen, ist es sinnvoll, sich zunächst darüber klar zu werden, wie viel Sparen Sie sich leisten können. Eines der wichtigsten Hilfsmittel dazu ist ein Haushaltsbuch. In dieses schreiben Sie über ein paar Monate alle Ihre Ausgaben und Einnahmen. Das, was am Monatsende regelmäßig übrigbleibt, ist Ihr möglicher Sparbetrag.

Das Führen eines Haushaltsbuches hat aber meist noch den zusätzlichen Effekt, dass Sie herausfinden, wo „Geldfresser" in Ihrem Alltag versteckt sind. Das können beispielsweise Abonnements für Zeitschriften sein, die Sie gar nicht mehr lesen, oder Beiträge für Vereine, die Sie schon lange nicht mehr besuchen. Durchforsten Sie Ihre Ausgaben kritisch danach, auf welche Posten Sie verzichten oder welche Ausgaben Sie senken könnten. Im Buch- und Schreibwarenhandel finden Sie Haushaltsbücher, im Internet kostenlose Haushaltsbuch-Programme oder Sie installieren sich eine App auf Ihr Smartphone. Mit diesen können Sie sich dann unter anderem auch grafische Auswertungen Ihres Einnahme-/Ausgabeverhaltens erstellen lassen.

Es reicht aber nicht, zu wissen, wie hoch Ihr monatliches Sparpotenzial ist, um mit der Geldanlage loszulegen. Sie sollten sich auch einen Überblick darüber verschaffen, welche Anlagen Sie schon besitzen. Häufig schließen Sparer bei ihrer Bank einfach neue Produkte ab, wenn sie mal wieder etwas Geld übrig haben, ohne sich darüber im Klaren zu sein, wie sich dies auf ihre Gesamtvermögensverteilung und die persönliche Risikoeinstellung auswirkt. Um Chancen und Risiken Ihres vorhandenen Vermögens richtig beurteilen und anschließend optimieren zu können, sollten Sie daher zunächst eine Bestandsaufnahme machen.

Größere Unternehmen sind gesetzlich verpflichtet, regelmäßig Bilanzen über ihre Vermögenswerte und Verbindlichkeiten aufzustellen. Dabei werden die Vermögensgegenstände und Darlehen geordnet erfasst und bewertet. Das Gleiche können und sollten auch Privatanleger tun.

So bringen Sie Ordnung in Ihre Kapitalanlagen

Tragen Sie alle Ihre Vermögensgegenstände zusammen und ordnen Sie sie nach den folgenden Anlageklassen:

▶ **1. Liquidität**
   a. Girokonto
   b. Tagesgeldkonto
   c. Geldmarktfonds

▶ **2. Festverzinsliche Anlagen**
   a. Festgelder/Sparbriefe
   b. Anleihen (Staatsanleihen, Unternehmensanleihen, Pfandbriefe)
   c. Bausparverträge
   d. Rentenfonds

▶ **3. Aktieninvestments**
   a. Einzelaktien
   b. Aktienfonds/ETF
   c. Zertifikate auf Aktien und Aktienindizes

▶ **4. Immobilien**
   a. Vermietete Immobilien
   b. Offene Immobilienfonds

▶ **5. Sonstige Vermögenswerte**
   a. Kapitallebensversicherungen
   b. Private Rentenversicherungen

▶ **6. Beteiligungen**
   Zum Beispiel geschlossene Immobilienfonds, Schiffsfonds, Containerfonds, Bürgerbeteiligungen

Gut zu wissen

Das Eigenheim als Vermögenspuffer. Das eigene Heim kann eine gute Geldanlage sein, bei der die Rendite in erster Linie aus ersparten Mietkosten besteht. Denken Sie aber daran, dass eine Immobilie immer auch Kosten verursacht. Die Werbung für „mietfreies Wohnen im Alter" ist nur eine Seite der Medaille. Es wird leicht vergessen, dass ein Eigenheim oft mit seinem Eigentümer in Rente geht und dann größere Sanierungen anstehen. Oft lässt sich ein Haus oder eine Wohnung nicht so einfach verkaufen, wie sich das der Eigentümer vorstellt – zumindest nicht zum erhofften Preis. Sehen Sie daher das Eigenheim als Puffer bei Ihrem Gesamtvermögen an.

▶ **7. Rohstoffanlagen**
   a. Goldanlagen
   b. Rohstoffzertifikate / ETC

Nicht aufzuführen brauchen Sie Vermögenswerte, die Sie nicht zur Kapitalanlage besitzen. Dazu gehört insbesondere das Eigenheim. Denn dieses besitzen Sie in der Regel nicht als Kapitalanlage, sondern weil Sie sich darin wohlfühlen wollen. Sie werden Ihr Familienheim wohl kaum veräußern, um das Geld in andere Kapitalanlagen umzuschichten.

Ebenfalls nicht in die Vermögensbilanz aufnehmen sollten Sie Vermögenswerte, die sich kaum bewerten oder nur zu einem niedrigen Preis veräußern ließen, wie Antiquitäten oder Briefmarkensammlungen. Auch der Hausrat oder das Auto gehören nicht in die Bilanz, diese sind kein Kapitalanlagevermögen, sondern Dinge, die Sie zum täglichen Leben benötigen.

Wenn Sie gerade dabei sind, Ihr Vermögen zu ordnen, bietet es sich an, dass Sie die Unterlagen Ihrer Anlagen in Ordnern zusammenfassen, die Sie entsprechend den Anlageklassen unterteilen und beschriften. Sortieren Sie unwichtige Schreiben wie Werbung aus und legen Sie sich eine Systematik zu, auf die Sie jederzeit zurückgreifen können. Ordnen Sie zukünftig alle wichtigen Schreiben und Unterlagen in diese Ordner (neueste Schreiben immer nach oben), und Sie behalten stets den Überblick über Ihre Finanzanlagen.

So bewerten Sie Ihre Anlagen

Grundsätzlich sollten Sie alle Ihre Anlagen mit deren aktuellen Werten ansetzen. Dazu können Sie bei Aktien, Fonds und Anleihen einen aktuellen Depotauszug heranziehen. Für sonstige Bankanlagen nutzen Sie die entsprechenden Kontoauszüge. Haben Sie Kapitallebens- oder Rentenversicherungen, erhalten Sie gewöhnlich eine jährliche Mitteilung über die aktuellen Rückkaufswerte. Wenn nicht, fordern Sie diese an.

Bei Immobilien ist es naturgemäß schwieriger, den aktuellen Verkehrswert zu bestimmen. Hier können Sie vorsichtig schätzen, welchen Preis Sie bei einem Verkauf erzielen

könnten. Dazu können Sie vergleichbare Immobilien heranziehen, die bei den großen Immobilienportalen im Internet zum Verkauf stehen. Oder Sie nutzen die dort angebotenen Immobilienbewertungen, die kostengünstig einen recht guten Orientierungswert finden. Natürlich könnten Sie auch einen Sachverständigen oder Makler mit der Bewertung beauftragen, was entsprechend teurer wäre.

Auch Beteiligungen sind während der Laufzeit schwer zu bewerten, da sie sich vor Ende der Laufzeit kaum veräußern lassen. Manchmal gibt es Nachfrage nach bestimmten „gebrauchten" geschlossenen Fonds. Im Internet (www.zweitmarkt.de) führt die von den Börsen Hamburg und Hannover initiierte „Fondsbörse Deutschland" als größte Handelsplattform auf dem Zweitmarkt für geschlossene Fonds Anbieter und Käufer zusammen. Die Kaufpreise liegen meist weit unter den ursprünglichen Investitionssummen. Sollte Ihre Beteiligung hier geführt werden, können Sie den Kurs, mit dem sie gehandelt wird, als Grundlage für Ihre Bewertung nehmen. Wird beispielsweise ein Anteil an dem geschlossenen Fonds, bei dem Sie investiert sind, zum Kurs von 30 Prozent gehandelt, multiplizieren Sie Ihre Investitionssumme mit 30 Prozent und tragen diesen Wert in Ihre Bilanz ein.

Ihre Vermögensbilanz

Alle Ihre Kapitalanlagen und deren Werte tragen Sie auf der linken Seite Ihrer Bilanz bei den Aktiva ein. Diese Seite der Bilanz zeigt, wie Ihr Vermögen derzeit angelegt ist. Wie eine Bilanz

Die Bilanz: Ein Beispiel

Auf der linken Seite unter „Aktiva" finden Sie die Vermögensverwendung,
auf der rechten unter „Passiva" die Vermögensherkunft.

Wie ist das Vermögen angelegt? (Aktiva)

	in Euro	in %
Liquidität	**8 000**	**4%**
Girokonto	3 000	
Tagesgeldkonto	5 000	
Festverzinsliche Anlagen	**30 000**	**15%**
Rentenfonds	20 000	
Festgeld	5 000	
Bundesanleihe	5 000	
Aktieninvestments	**21 000**	**10%**
Aktienfonds	17 000	
Einzelaktien	4 000	
Immobilien	**110 000**	**54%**
Vermietete Eigentumswohnung	110 000	
Sonstige Vermögenswerte	**19 000**	**9%**
Kapitallebensversicherung	19 000	
Beteiligungen	**0**	**0%**
Schiffsfonds etc.	0	
Rohstoffanlagen	**16 000**	**8%**
Rohstoffzertifikat	5 000	
Goldbarren/-münzen	11 000	
Summe	**204 000**	

Wo kommt das Vermögen her? (Passiva)

	in Euro	in %
Verbindlichkeiten	**30 000**	**15%**
Darlehen ETW	30 000	
Nettovermögen (Eigenkapital)	**174 000**	**85%**
Summe	**204 000**	

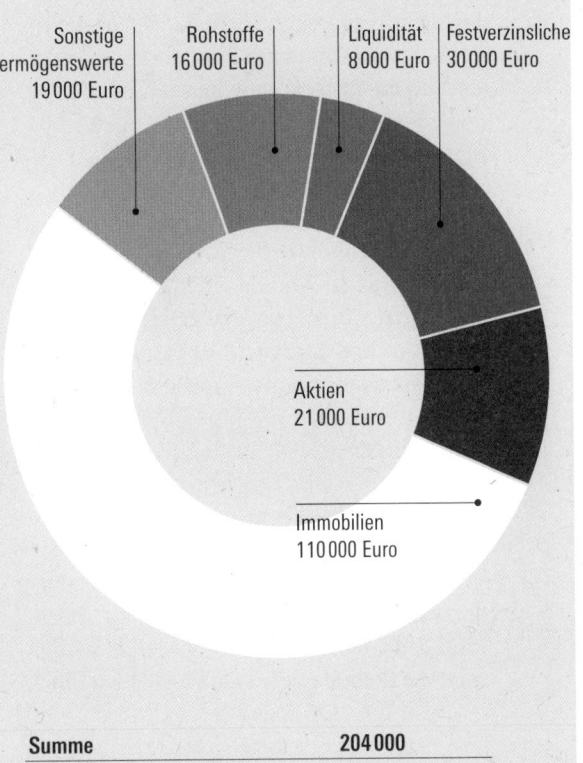

Sonstige Vermögenswerte 19 000 Euro

Rohstoffe 16 000 Euro

Liquidität 8 000 Euro

Festverzinsliche 30 000 Euro

Aktien 21 000 Euro

Immobilien 110 000 Euro

aussehen kann, zeigt die Grafik „Die Bilanz: Ein Beispiel".

Um neben Ihrem Brutto-Gesamtvermögen auch Ihr Netto-Gesamtvermögen (Eigenkapital) darstellen zu können, müssen Sie noch Ihre Verbindlichkeiten in die rechte Seite der Bilanz eintragen. Diese Seite zeigt, wo Ihr Vermögen herkommt. Setzen Sie auch hier die aktuellen Darlehensstände an. Aus der Differenz von Aktiva und Verbindlichkeiten errechnet sich Ihr Nettovermögen.

Wenn Sie die einzelnen Anlageklassen, zum Beispiel Ihre Aktieninvestments, ins Verhältnis zur Summe Ihrer Aktiva setzen, können Sie anhand der Prozentwerte leicht erkennen, wie Ihre Vermögensverteilung, die sogenannte Asset-Allocation, aussieht. In unserem Beispiel machen die Aktieninvestments rund 10 Prozent aus ((21000 Euro / 204000 Euro) x 100).

Wenn Sie mit Excel oder OpenOffice Calc arbeiten, können Sie sich mit der Diagramm-Funktion ein anschauliches Kuchendiagramm Ihrer Vermögensverteilung darstellen lassen.

Eine Notfallreserve ist Pflicht

Bevor Sie aber mit der Umschichtung Ihrer Geldanlagen oder dem Sparen anfangen, sollten Sie sicherstellen, dass Sie eine ausreichende Notfallreserve besitzen. Denn nicht immer läuft alles im Leben nach Plan. Arbeitslosigkeit, eine längere Krankheit oder aber auch mehrere teure Haushaltsgeräte, die ausgerechnet zur gleichen Zeit ihren Dienst versagen, können für Ihre Finanzen ganz schön Stress bedeuten. Die Corona-Pandemie hat gezeigt, wie wichtig es gerade für Selbstständige

ist, über längere Zeit liquide bleiben zu können.

Bilden Sie für solche Fälle eine Notfallreserve, auf die Sie jederzeit zugreifen können. Denn müssen Sie Ihr Girokonto überziehen oder gar einen Kredit aufnehmen, zahlen Sie dafür meist viel höhere Zinsen, als Sie mit Ihren Geldanlagen verdienen können. Als Faustregel für die Höhe der Notfallreserve können Sie die Summe veranschlagen, die Sie benötigen, um drei bis fünf Monate ohne Einkommen bewältigen zu können. Selbstständige sollten eher noch eine Reserve für sechs bis zwölf Monate einplanen.

Es ist nicht empfehlenswert, die Notfallreserve auf Ihrem Girokonto zu parken. Denn dort ist das Geld zum einen mit Ihren normalen Ein- und Ausgaben vermischt. Es ist dann schwieriger, den Überblick zu behalten, wie hoch Ihre Reserve genau ist. Zum anderen sind Girokonten meist unverzinst. Nutzen Sie daher für Ihre Notfallreserve besser ein Tagesgeldkonto. Dort ist es ebenfalls jederzeit verfügbar und Sie bekommen Zinsen, auch wenn sie eher mager ausfallen.

Wenn Sie noch nicht über eine Notfallreserve verfügen und diese erst ansparen müssen, machen Sie sich am besten einen Plan. Sie wissen ja bereits, wie viel Sie monatlich sparen können. Würde es mit dieser Sparrate länger als sechs bis zwölf Monate dauern, die erforderliche Reserve aufzubauen, überlegen Sie, ob demnächst vielleicht Anlagen fällig werden, die Sie auf dem Notfallkonto anlegen können. Ist eine solche Umschichtung nicht möglich, weil Sie noch am Anfang Ihrer Sparerkarriere stehen, versuchen Sie (mit Ihrem Haushaltsbuch) weitere Sparpotenziale zu finden.

Jetzt können Sie weitere Anlagen planen

Ist die Notfallreserve gesichert, geht es an die weitere Planung. Wer zum ersten Mal eine Vermögensbilanz erstellt, ist oft überrascht, welches Übergewicht einzelne Anlagen haben. So kann zum Beispiel ein Anleger, der sich für sehr risikoscheu hält, feststellen, dass er eine sehr hohe Aktienquote hat – oder dass diese gar nicht so hoch ist und es keinen Grund gibt, sich Sorgen zu machen.

Wie Sie bereits wissen, verringert eine sinnvolle Streuung der Anlagen das Gesamtrisiko des Anlagevermögens eines Investors. Erinnern Sie sich an das magische Dreieck der Geldanlage? Je höher die Renditechancen einer Anlage, umso höher auch grundsätzlich das Risiko. Im folgenden Abschnitt „Welche Anlagen für welchen Anlegertyp" erfahren Sie, wie eine sinnvolle Aufteilung des Vermögens je nach Risikoeinstellungen und Lebenssituation aussehen kann. Stellen Sie nach der Lektüre fest, dass Sie zu viele riskante Anlagen haben, sollten Sie eine Umschichtung in Betracht ziehen – also überlegen, ob Sie riskante Anlagen verkaufen und dafür sicherere Anlagen kaufen.

Möglicherweise reicht es aber für Sie aus, zukünftig mehr in sicherere Anlagen zu investieren, sodass sich deren prozentualer Anteil erhöht. Ebenso kann es sein, dass Sie feststellen, dass Sie zukünftig mehr in renditeträchtigere Anlagen investieren sollten. Den Betrag,

Checkliste

Passen Ihre Anlagen noch zu Ihnen?

Ihre Anlagen müssen zu Ihnen und Ihrer Lebenssituation passen. Wichtige Kriterien dabei sind:

- ☐ **Ihre Ziele:** Wie viel Geld wollen Sie langfristig anlegen und über welche Summen möchten Sie schon in den kommenden Jahren verfügen?

- ☐ **Ihre Einstellung:** Entscheiden Sie, wie viel Zeit und Energie Sie in Ihr Geld stecken möchten und suchen Sie entsprechende Anlageprodukte aus.

- ☐ **Ihre Risikomentalität:** Wie riskant dürfen Ihre Anlagen sein? Beachten Sie dabei aber, dass Sie bei der Beurteilung von Risiken nicht nur auf mögliche Wertschwankungen, sondern auch auf die Geldwertstabilität schauen müssen.

den Sie zum regelmäßigen Sparen einsetzen können, haben Sie ja bereits ermittelt, oder Sie sind mithilfe eines Haushaltsbuches gerade dabei.

Welche Anlagen für welchen Anlegertyp?

Es gibt eine Vielzahl von Anlageformen. Umso wichtiger ist es zu überlegen, welche zu Ihnen passen, bevor Sie sich an die Auswahl der einzelnen Produkte machen.

Auch wenn sich die Anlageziele des magischen Drei- oder Vielecks nicht alle in einer Anlageform vereinigen lassen, können Sie natürlich verschiedene Anlagen so kombinieren, dass Ihr Gesamtportfolio Ihren Anlagezielen möglichst nahe kommt. Ihre Risikotragfähigkeit und Ihre Risikobereitschaft bestimmen dabei die Zusammenstellung Ihrer Anlagen wesentlich.

Ihre Risikotragfähigkeit als objektives Risikomaß

Ihre Risikotragfähigkeit wird maßgeblich davon bestimmt, wie viel Zeit Sie noch für das Erreichen Ihrer Ziele haben, wie hoch Ihr Einkommen und wie hoch Ihr Gesamtvermögen bereits ist. Je mehr Vermögen Sie schon besitzen, umso größere absolute Verluste können Sie in der Regel wegstecken, ohne dass Ihre Existenz oder Ihr Lebensstandard gefährdet sind. Sind Sie noch nicht in der glücklichen Lage, finanziell weitgehend ausgesorgt zu haben, spielt Ihr Anlagehorizont, also der Zeitraum, für den Sie investieren können und wollen, eine wesentliche Rolle bei der Beurteilung, welches Risiko Sie mit Ihren Anlagen eingehen können.

Stehen Sie beispielsweise am Anfang Ihrer beruflichen Karriere und wollen für Ihr Alter vorsorgen, können Sie größere Schwankungen Ihrer Geldanlagen aussitzen oder Verluste im Laufe Ihres Arbeitslebens noch ausgleichen. So könnten Sie beispielsweise auch zu einem höheren Anteil in Aktien und Investmentfonds investieren, die in ihrer Wertentwicklung schwanken. Denn selbst wenn die Börsen einige Monate oder gar Jahre schlecht laufen würden, könnten Sie eine solche Phase überbrücken und Ihre Anlagen erst verkaufen, wenn diese sich wieder auf einem ordentlichen Niveau eingependelt hätten.

Wenn Sie hingegen bereits den Ruhestand vor Augen haben, können Sie mögliche Verluste und Wertschwankungen nicht mehr so einfach aussitzen. Dann brauchen Sie die Gewähr, dass in wenigen Jahren der benötigte Geldbetrag vorhanden ist. Der Schwerpunkt Ihrer Anlagen muss dann eher auf Investments liegen, bei denen der Zahlungszeitpunkt und die Höhe der Auszahlungen feststehen. Wie Sie bereits wissen, bieten Anlagen, die diese Kriterien erfüllen, aber geringere Renditechancen.

Checkliste

Wie schätze ich meine Risikotragfähigkeit ein?

☐ Welcher Verlauf meiner Geldanlagen (zum Beispiel mehrjähriger Börsenabschwung um x Prozent, Zahlungsausfall eines Anleiheschuldners) würde meine Existenz gefährden?

☐ Welcher Verlauf meiner Geldanlagen würde meine persönlichen Ziele (zum Beispiel Hausbau, Ausbildungsfinanzierung, Ruhestand) gefährden?

☐ Hätte ich im Verlustfall genügend Zeit, den Verlust durch sonstiges Einkommen (zum Beispiel Arbeitseinkommen, Mieteinnahmen, Erbschaft) zu verkraften und wieder auszugleichen?

Typische Beispiele unterschiedlicher Anlagehorizonte sind:

▶ **Kurzer Anlagehorizont:** Sie sind beispielsweise gerade auf der Suche nach einer Immobilie, die Sie selbst nutzen möchten. Sobald Sie das richtige Objekt gefunden haben, möchten Sie es kaufen. Dann muss das Geld sofort zur Verfügung stehen. In einem solchen Fall steht die Liquidität einer Anlage bis zu diesem Zeitpunkt klar im Vordergrund.

▶ **Mittlerer Anlagehorizont:** In wenigen Jahren sind Ersatzinvestitionen oder Sanierungsarbeiten fällig, wie ein neues Auto, eine neue Küche oder eine Dach- oder Heizungssanierung. Auch hier können Sie sich kaum schwankungsreiche Anlagen leisten, die zum Zeitpunkt der notwendigen Anschaffung oder Reparatur möglicherweise nur mit Verlust flüssig gemacht werden können.

▶ **Langfristiger Anlagehorizont:** Beginnen Sie mit der Geburt Ihrer Kinder mit dem Sparen für deren Ausbildung, haben Sie noch lange Zeit, Schwankungen der ertragreicheren Anlagen auszusitzen und gegebenenfalls in sicherere Anlagen umzuschichten.

Ihre Risikobereitschaft ist subjektiv

Auch wenn Sie bereits ein beträchtliches Vermögen angespart oder geerbt haben oder Ihr Anlagehorizont noch viele Jahre umfasst, möchten Sie möglicherweise dennoch keine größeren Schwankungen mit Ihren Investments hinnehmen. Die Bereitschaft eines Anlegers, Risiken bei der Geldanlage einzugehen, ist immer ganz individuell und wird unter anderem von der Erziehung, den Einstellungen und den Erfahrungen mit Geldanlagen beeinflusst. Hat ein Anleger schon einmal viel Geld mit Aktien verloren, zum Beispiel nach dem Platzen der New-Economy-Blase Anfang des Jahrtausends oder beim Börsencrash im Rahmen der US-Immobilien- und Finanzkrise

2008, hat er vielleicht für sich die Entscheidung getroffen, dass Aktien nichts für ihn sind. Hat er hingegen mit guten Aktientipps innerhalb kurzer Zeit hohe Gewinne eingefahren, ist er eventuell eher bereit, für seine Altersvorsorge oder die Ausbildung der Kinder in risikoreichere Anlagen zu investieren.

Ihre Risikobereitschaft können nur Sie bestimmen

Denken Sie immer daran: Während Ihnen ein Berater helfen kann, die objektive Risikotragfähigkeit zu ermitteln, können nur Sie selbst Ihre Risikobereitschaft benennen. Sätze wie „Das Risiko können Sie schon eingehen" sind fehl am Platz, wenn es um die Risikobereitschaft geht.

Schätzen Sie sich realistisch ein

Die Fragen in den beiden Checklisten können Ihnen Anhaltspunkte geben, wie hoch Ihre „Risikotragfähigkeit" und Ihre „Risikobereitschaft" sind. Ihre ehrlichen Antworten auf diese Fragen geben Ihnen ein Gefühl dafür, wie Ihr Risikoprofil in etwa aussehen könnte. Rechnen Sie bei der Einschätzung Ihrer Risikobereitschaft nicht nur in Prozent, sondern auch in absoluten Zahlen.

Beispiel: Sie wollen 50 000 Euro in einem Aktienfonds anlegen und sind der Meinung, dass Sie eine Schwankungsbreite und damit zwischenzeitliche Wertminderungen von 30 Prozent gut aushalten können. Überlegen Sie sich *dann auch, was das in konkreten Zahlen bedeuten würde. Würde Ihr Aktienfonds nach dem Kauf 30 Prozent verlieren, wäre er nur noch 35 000 Euro wert. Sie hätten also – zumindest auf dem Papier – 15 000 Euro und damit den Wert eines Kleinwagens verloren. Könnten Sie in diesem Fall noch ruhig schlafen und darauf vertrauen, dass eine solche zwischenzeitliche Wertschwankung normal ist und Sie langfristig eine hohe Chance auf eine gute Rendite haben? Müssen Sie sich diese Frage ehrlicherweise mit „Nein" beantworten, sollten Sie überlegen, einen konservativeren Fonds auszuwählen oder einen geringeren Betrag in den anvisierten Fonds anzulegen und den Restbetrag auf risikoärmere Anlagen aufzuteilen.*

Welche Anlagen passen zu Ihrer Risikobereitschaft?

Wichtig ist jetzt, dass Sie Ihre Anlagen passend zu Ihrer Risikobereitschaft ausrichten. Fachleute sprechen von Asset Allocation. Sie verhindert, dass Anleger wahllos Produkte kaufen, die ihnen gerade angeboten werden.

Finanztest unterscheidet drei Risikostufen: defensiv, ausgewogen oder offensiv. Defensiv bedeutet sicherheitsorientiert, offensiv risikobereit, ausgewogen liegt dazwischen und ist für viele eine gute Lösung. Überlegen Sie also anhand Ihrer Risikotragfähigkeit und Ihrer Risikobereitschaft, zu welcher Gruppe Sie zählen. Nachfolgend finden Sie einige Beispiele, welche Präferenzen Anleger in den verschiedenen Risikoklassen häufig haben. Beachten Sie, dass dies nur eine grobe Übersicht sein kann, da Geldanlage immer eine sehr indivi-

Checkliste

Checkliste

Wie groß ist meine Risikobereitschaft?

☐ Welche Erfahrungen habe ich in der Vergangenheit mit meinen Anlagen gemacht?

☐ Habe ich schon einmal größere Verluste erlitten?

☐ Was war der Grund für diese Verluste (zum Beispiel ein Börsencrash, Aktienverkäufe zum falschen Zeitpunkt, zu hektisches Agieren, unüberlegter Kauf eines Finanzproduktes oder: mangelnde Streuung – die Hauptursache für schlechte Erfahrungen)?

☐ Wie habe ich mich dabei gefühlt, als die Verluste eingetreten sind?

☐ Auch wenn ich es mir leisten könnte: Ab welchen zwischenzeitlichen Verlusten (zum Beispiel Schwankungen bei Aktienkursen) könnte ich „nachts nicht mehr schlafen"?

☐ Ziehe ich es vor, höhere Renditechancen zu haben, auch wenn es dann nicht sicher ist, dass ich mein Anlageziel erreiche, oder ist es mir wichtiger, mein Ziel ganz sicher zu erreichen, auch wenn ich dafür auf Renditechancen verzichten muss?

☐ Welchen Aufwand kann und will ich mit der Auswahl und Kontrolle meiner Geldanlagen betreiben?

duelle Angelegenheit ist und Ihre Anlagen zu Ihren Bedürfnissen passen müssen.

▶ **Defensive Anleger**

Anleger in dieser Risikoklasse sind nicht bereit, größere Verlustrisiken einzugehen. Ihr vorrangiges Ziel ist der Kapitalerhalt. Renditeaspekte werden diesem Ziel weitgehend untergeordnet. Zur Verfügung stehende Geldmittel könnten schwerpunktmäßig in sichere festverzinsliche Sparanlagen investiert werden. Das sind insbesondere einlagengesicherte Festgelder, Sparbriefe sowie bestimmte

Rentenfonds. Da eine gewisse Aktienquote das Risiko der Gesamtanlagen streuen und sogar verringern kann, können sicherheitsorientierte Anleger bis zu 25 Prozent aktienbasierte Anlagen beimischen. Um das Risiko auszuschließen, die falschen Aktien auszuwählen, sollten sie dabei aber weltweit anlegende Aktienfonds und ETF Einzelwerten vorziehen.

▶ **Ausgewogene Anleger**

Sie wünschen eine Rendite ihrer Anlagen, die über dem sicheren Zinsniveau liegt. Um mittel- bis langfristig höhere Erträge zu erzielen, sind sie bereit, gewisse Verlustrisiken einzugehen. Sie wünschen eine ausgewogene Mischung zwischen ertragsorientierten Anlagen mit niedrigerem Risiko und chancenorientierten Anlagen mit höherem Risiko. Je nach Anlagehorizont können sie bis zu 50 Prozent in Aktien und Aktienfonds anlegen. Für vermögende Anleger kommen auch vermietete Immobilien in Betracht. Die Basis ihrer Anlagen bilden aber ebenfalls festverzinsliche Sparanlagen, Rentenfonds und Anleihen bonitätsstarker Schuldner.

▶ Offensive/risikobereite Anleger

Sie haben einen hohen Ertragswunsch deutlich über Zinsniveau und wollen die Chancen auf überdurchschnittliche Wertsteigerungen ihrer Anlagen wahrnehmen. Anlagen mit erhöhtem und hohem Risiko überwiegen die sicheren, festverzinslichen Anlagen klar. Offensive Anleger können Aktienquoten von um die 75 Prozent vertragen. Auch Investments in Derivate und Rohstoffe sind möglich. Offensive Anleger sollten immer prüfen, ob sie sich eine solche subjektive Risikoeinstellung leisten können, sie also die entsprechende Risikotragfähigkeit besitzen.

Nehmen Sie sich für die richtige Zusammenstellung Zeit. Was viele, auch Fortgeschrittene, nicht beachten: Die Aufteilung von Aktien und Zinsanlagen hat einen größeren Einfluss auf den Verlauf der Geldanlage als die Auswahl einzelner Produkte.

Dabei sollten Sie auch bedenken: Voraussetzung für eine Anlage in Fonds und riskantere Anlagen sollte sein, dass Sie das Geld nicht kurzfristig brauchen.

Wo finden Sie Beratung und Informationen?

Selbst finanziell gebildete Anleger benötigen manchmal Hilfe von Experten oder zusätzliche Auskünfte. So finden Sie die richtigen Berater und Informationen.

Auch wenn Sie sich schon gut mit Finanzthemen auskennen, brauchen Sie vielleicht doch hin und wieder den Rat und die Unterstützung eines professionellen Finanzberaters. Eine gute Finanzberatung hilft Ihnen, Fehler bei Ihrer Geldanlage zu vermeiden und die für Ihre Ziele richtigen Finanzanlagen und Produkte zu finden. Darüber hinaus erspart Ihnen eine gute Beratung Zeit, die Sie sonst selbst in den Aufbau Ihres Finanzwissens und die Recherche nach den passenden Produkten stecken müssten.

In Deutschland gibt es eine große Vielfalt an Finanzdienstleistern, aus denen Sie auswählen können. Ein wichtiges Kriterium bei der Auswahl sollte für Sie sein, ob Sie in erster Linie eine Beratung zu Finanz- oder Versicherungsthemen suchen oder ob für Sie der Kauf konkreter Finanzprodukte im Vordergrund steht. Ihnen sollte klar sein, dass Sie im Finanzdienstleistungsbereich meist Beratern und Verkäufern von Finanzprodukten in einer Person gegenüberstehen. Verdienen solche Finanzvermittler nur dann etwas an Ihnen, wenn sie Ihnen ein Produkt vermitteln, können sie in Interessenskonflikte kommen. Denn raten sie von einem Produkt ab, verdienen sie nichts. Es besteht überdies die Gefahr, dass sie Ihnen nicht das beste Produkt empfehlen, sondern das, bei dem der Produktanbieter (zum Beispiel die Fonds- oder Versicherungsgesellschaft) die höchste Provision zahlt.

Provisionen sind die häufigste Vergütungsart in der Anlage-, Kredit- und Versicherungsberatung. Man unterscheidet im Wesentlichen zwischen Abschluss- und Bestandsprovisionen. Die Abschlussprovision wird Kunden beim Kauf eines Produktes berechnet. Damit werden insbesondere die Kosten des Vertriebes bezahlt. Die Bestandsprovision erhalten die Vermittler des Finanzproduktes für die laufende Betreuung und Verwaltung des Produktes.

Verfügen Berater und Verkäufer nur über ein eingeschränktes Angebot, müssen Sie zudem damit rechnen, dass sie Ihnen Produkte aus dem eigenen Angebot empfehlen, obwohl andere Anbieter bessere oder besser zu Ihnen passende Angebote hätten.

Banken und Sparkassen

Die meisten, die hierzulande eine Anlageberatung suchen, wenden sich an den Berater ihrer Hausbank. Auch wenn die Zahl der Bankfilialen zurückgeht, müssen sie dafür keine weiten Wege auf sich nehmen. Verschiedene Untersuchungen von Finanztest haben aber leider immer wieder gezeigt, dass Banken und Sparkassen oft solche Produkte empfehlen, die nicht optimal zu den Zielen der Anleger passen. Zwar werden Bankberater in der Regel von der Bank bezahlt und verdienen somit auch etwas, wenn die Kunden nach einem Beratungsgespräch kein Produkt abschließen, doch häufig erhalten sie einen vom Verkaufserfolg abhängigen Bonus.

Die Bank als Arbeitgeber des Beraters erhält Provisionen vom Produktanbieter oder verdient an den Abschluss- und Verwaltungsgebühren hauseigener Produkte und hat daher natürlich ein Interesse am Verkauf der Produkte. Regelmäßig gibt es auch Berichte über Bankberater, denen ihre Arbeitgeber Vorgaben machen, welche Produkte sie zu vermitteln haben, damit die Umsatzziele der Bank erreicht werden können. Der Bankberater ist daher meist abhängig von den Vorgaben seiner Bank und oftmals eher Verkäufer von Finanzprodukten als Finanzberater.

Finanz- und Versicherungsmakler

Makler im Finanzdienstleistungsbereich beraten je nach Schwerpunkt und entsprechender behördlicher Erlaubnis zu Finanzanlagen, Versicherungen und Finanzierungen. Sie sind rechtlich selbstständig, werden im Auftrag des Kunden tätig und sind von Produktanbietern grundsätzlich unabhängig. Makler sollten Ihnen eine umfassende und bedarfsgerechte Beratung auf der Grundlage einer breiten Markt- und Produktübersicht anbieten können. Bezahlt werden Makler über Provisionen des Produktanbieters. Das bedeutet, sie erhalten in der Regel eine Provision aus den vom Kunden gezahlten Produktpreisen (Abschlussprovision) und/oder laufenden Beiträgen (Bestandsprovision).

Vertreter

Bei den Vertretern kann man zwischen Ausschließlichkeits- und Mehrfachvertretern unterscheiden. Ausschließlichkeitsvertreter sind

Versicherungsvermittler, die an ein Versicherungsunternehmen gebunden sind und nur Produkte dieser Versicherung vermitteln. Mehrfachvertreter sind Versicherungs-, Finanzanlagen- oder Kreditvermittler, die als selbstständige Gewerbetreibende Produkte verschiedener Anbieter vermitteln und dafür Provisionen erhalten. Sie bieten nur Produkte von Anbietern an, mit denen sie Vertriebsverträge abgeschlossen haben. Dadurch unterscheiden sie sich vom Makler, der prinzipiell auf den gesamten Markt an Produktanbietern zugreifen kann. Makler stehen grundsätzlich auf der Seite des Kunden, Vertreter auf der Seite des Unternehmens, das sie vertreten.

Allfinanzvertriebe

Das Besondere an Allfinanzvertrieben – zum Beispiel Deutsche Vermögensberatung, MLP, Swiss Life Select (vormals AWD), OVB – ist, dass sie alles vermitteln: Haftpflicht- und Krankenversicherungen genauso wie Rentenversicherungen und fast jede Art der Geldanlage. Viele Kunden schätzen das, weil es ihnen Wege erspart und der Finanzvermittler sie im Idealfall unter Berücksichtigung ihrer gesamten wirtschaftlichen Situation berät. Ob sie jedoch im Rahmen dieser Rundumberatung immer die günstigsten Finanzprodukte angeboten bekommen, ist fraglich. Denn die Berater sind selbstständige Gewerbetreibende. Sie leben von den Provisionen, die sie für Vertragsabschlüsse erhalten. Wie bei anderen provisionsfinanzierten Beratern auch besteht die Gefahr, dass sie unpassende Produkte empfehlen, wenn diese mehr Provision einbringen.

Kunden haben zudem oft kaum eine Chance zu durchschauen, was die angebotenen Produkte sie kosten würden.

Unabhängige Beratung auf Honorarbasis

Eine Alternative zu den genannten Finanzvermittlern, -maklern und -vertretern ist eine Beratung, bei der die Berater nicht von den Anbietern bezahlt werden, sondern von den Kunden. Das leisten die Beratung der Verbraucherzentralen und sogenannte Honorarberater.

▶ **Die Verbraucherzentralen** bieten unabhängige telefonische, schriftliche und persönliche Beratungen zu verschiedenen Finanzthemen wie Geldanlage, Versicherungen, private Altersvorsorge und Finanzierung an. Jedes Bundesland hat eigene Beratungsstellen, deren Angebote sich leicht unterscheiden, ebenso wie ihre Preise. Für eine knapp zweistündige Beratung müssen Sie ungefähr mit 150 bis 200 Euro rechnen. Über die Internetadresse www.verbraucherzentrale.de gelangen Sie schnell auf die Homepage der Verbraucherzentrale Ihres Bundeslandes.

▶ **Honorarberater** sind selbstständige Berater, die sich verpflichten, keine Provisionen von Produktanbietern anzunehmen. Stattdessen werden sie ausschließlich durch ihre Kunden bezahlt. Dafür gibt es verschiedene Modelle wie zum Beispiel Stundensätze, Festpreise oder eine prozentual vom Anlagevolumen abhängige

Übliche Provisionen im Finanzvertrieb

Produkte	Abschluss-provision [1]	Jährliche Be-standsprovision [1]	Kosten in Euro
Wertpapieranlagen			**Bei einer Anlage von 10 000 Euro [2] (Abschlusskosten / jährliche Be-standsprovision)**
Aktienfonds	4 – 6,5	0,25 – 0,5	400 – 650 / 25 – 50
Rentenfonds	3 – 5	0,1 – 0,25	300 – 500 / 10 – 25
Mischfonds	4 – 5	0,1 – 0,4	400 – 500 / 10 – 40
Offene Immobilienfonds	4 – 5	0,25 – 0,5	400 – 500 / 25 – 50
Zertifikate	0,5 – 5	–	50 – 500
Versicherungen			**Bei einer Beitragssumme von 36 000 Euro (= 100 Euro Monats-beitrag über 30 Jahre) [2] (Abschlusskosten / jährliche Be-standsprovision)**
Kapitallebensversicherung	1 – 4	0,1 – 2,5	360 – 1440 / 1,20 – 30
Rentenversicherung	1 – 4	0,1 – 2,5	360 – 1440 / 1,20 – 30
Fondspolice	1 – 4	0,1 – 2,5	360 – 1440 / 1,20 – 30
Geschlossene Fonds / Beteiligungen			**Abschlusskosten bei einer Anlage von 50 000 Euro [2]**
Geschlossene Immobilien-fonds	6 – 10	–	3 000 – 5 000
Umweltfonds	6 – 11	–	3 000 – 5 500
Schiffsfonds	8 – 15	–	4 000 – 7 500
Containerfonds	3 – 8	–	1 500 – 4 000
Infrastrukturfonds	6 – 8	–	3 000 – 4 000
Flugzeugfonds	7 – 9	–	3 500 – 4 500

1 In Prozent der Anlage-/Beitragssumme.   2 Bei höheren Anlage- beziehungsweise Beitragssummen erhöhen sich die Beträge, die an den Verkäufer/Vermittler fließen, entsprechend – unabhängig vom Beratungsaufwand.

Gebühr. Der Kunde muss die Beratung auch dann bezahlen, wenn er der Empfehlung des Beraters nicht folgt oder dieser ihm vom Kauf eines Produktes abrät. Nur so können Honorarberater neutral beraten. Da sie nicht von Anbieterprovisionen leben müssen, haben sie kein Interesse daran, Kunden ein überteuertes oder nicht bedarfsgerechtes Produkt zu empfehlen.

Falls Sie davor zurückschrecken, für eine Finanzberatung ein Honorar zu bezahlen, weil Sie dies von Ihrem Versicherungsvertreter oder Ihrer Bank bisher nicht gewohnt sind, schauen Sie sich die Tabelle „Übliche Provisionen im Finanzvertrieb" an. Dann sehen Sie, dass eine Honorarberatung für Sie häufig um ein Vielfaches günstiger sein kann als eine scheinbar kostenlose Beratung bei einem Provisionsvertrieb. Auch wird Ihnen dann schnell klar, dass eine Honorarberatung nicht nur für Superreiche, sondern grundsätzlich für jeden geeignet ist.

Natürlich ist eine Beratung gegen Honorar kein Allheilmittel, mit der Sie garantiert immer die besten Anlagevorschläge erhalten. Eine gute Finanzberatung hängt nicht nur davon ab, wer den Berater bezahlt, sondern vor allem von dessen Kompetenz und Einstellung. Auch unter den Provisionsberatern gibt es selbstverständlich einige, die sich ausschließlich nach dem Kundeninteresse richten und gute Beratung leisten.

Das sollten Sie beim Beratungsgespräch beachten

Sie können einiges dazu beitragen, dass ein Beratungsgespräch zielführend verläuft und Sie passende Anlagevorschläge erhalten, wenn Sie folgende Regeln beherzigen:

▶ **Vorbereitung.** Bereiten Sie sich gut auf das Gespräch vor. Ihr Berater wird Sie fragen, wie viel Geld Sie anlegen wollen, wie lange, für welchen Zweck, und er will wissen, welches Risiko Sie dabei eingehen können. Zudem wird er Sie – das ist seine Pflicht – nach Ihren persönlichen und finanziellen Verhältnissen fragen. Nehmen Sie Unterlagen, aus denen sich Ihre finanzielle Lage ergibt, wie zum Beispiel Depotauszüge und Vermögensübersichten, zum Gespräch mit.

▶ **Produkte.** Der Berater sollte Ihnen die Produkte, die er Ihnen vorschlägt, genau erklären und die Vor- und Nachteile aufzeigen. Wenn Sie etwas nicht verstanden haben, fragen Sie nach. Es gibt keine „dummen" Fragen. Es ist die Aufgabe des Beraters, Ihnen alles so zu erklären, dass Sie es verstehen.

▶ **Empfehlungen.** Bei nicht ganz unabhängigen Beratern von Banken und Finanzvertrieben kommt es regelmäßig vor, dass der Berater Ihnen lieber Produkte aus dem eigenen Haus als die der Konkurrenz anbietet. Fragen Sie nach, wie hoch die Vertriebsprovisionen sind, die der Berater oder die Bank kassiert. Der Berater muss Ihnen das sagen. So können Sie Interessenkonflikte erkennen.

▶ **Auswahl.** Lassen Sie sich mehrere Empfehlungen geben. Sie sehen dann, welches Produkt Ihnen besser gefällt. Ohnehin ist es klüger, sein Geld auf mehrere Anlagen aufzuteilen.

▶ **Kosten.** Sie sollten wissen, was für Kosten auf Sie zukommen, wenn Sie eine Geldanlage abschließen. Ein billiges Produkt ist zwar nicht unbedingt besser. Die Kosten sollten aber in einem vernünftigen Verhältnis zu den Ertragschancen stehen.

▶ **Entscheidung.** Lassen Sie sich Zeit. Es gibt keinen Mangel an Geldanlagen. Ob Sie heute, morgen oder übermorgen unterschreiben, spielt keine Rolle. Ein guter Berater wird Sie nicht drängen. Kaufen Sie grundsätzlich nur Finanzprodukte, die Sie verstehen, und vertrauen Sie auf Ihren gesunden Menschenverstand, wenn Ihnen etwas komisch vorkommt.

So stufen Banken ihre Kunden ein

Finanz- und Bankberater müssen bei Anlageempfehlungen zu Wertpapieren auch die Risikotragfähigkeit und Risikobereitschaft des Anlegers ermitteln und berücksichtigen. Sie stufen dazu die Anleger in fünf, bisweilen auch sechs oder sieben Risikoklassen ein und leiten daraus ab, welche Anlageklassen und -produk-

te für sie überhaupt infrage kommen. Die Bezeichnungen sind von Bank zu Bank unterschiedlich.

Hier ein Kurzüberblick darüber, welche Produktempfehlungen sich hinter den Risikoklassen der Banken verbergen können:

▶ **Klasse 1: Sicherheitsorientiert.** Infrage kommen zum Beispiel Zinsanlagen wie Tages- oder Festgeld, kurzlaufende Euro-Rentenfonds sowie Euro-Anleihen mit sehr guter Bonität.

▶ **Klasse 2: Konservativ.** Dazu passen festverzinsliche Wertpapiere bester Qualität, deutsche Rentenfonds, kurzlaufende Fonds in Hartwährungen wie Euro, US-Dollar und Schweizer Franken, international gestreute Rentenfonds, überwiegend in Hartwährungen, sowie offene Immobilienfonds.

▶ **Klasse 3: Ertragsorientiert.** Hier finden sich beispielsweise Wandel- und Optionsanleihen, deutsche Aktienfonds, deutsche Standardaktien, international gestreute Aktienfonds sowie Länderfonds in europäischen Hartwährungen.

▶ **Klasse 4: Spekulativ.** Diese Klasse umfasst zum Beispiel deutsche Aktien-Nebenwerte, spekulative Anleihen, Optionsscheine, Optionen und Futures.

▶ **Klasse 5: Sehr spekulativ.** Das Geld kann in Investitionen ausländischer Aktien-Nebenwerte, sehr spekulative Anleihen, Optionsscheine aller Art sowie Optionen und Futures fließen.

Die Risikoklassen der Banken besagen allerdings nur, in welche Produkte die Gelder der Kunden – je nach Einstufung – fließen dürfen. Sie sagen noch nichts darüber aus, zu welchen Anteilen dies geschieht. Häufig bieten die Banken drei oder vier Standardstrategien an von sicherheitsorientiert bis spekulativ. Auch hier sind die Bezeichnungen der Geldinstitute nicht einheitlich.

Änderungen bei Wertpapiergeschäften durch Mifid II

Mit der Umsetzung der europäischen Finanzmarktrichtlinie Mifid II (Markets in Financial Instruments Directive) in deutsches Recht traten am 3. Januar 2018 neue Regelungen in Kraft. Mit Mifid II soll europaweit ein neuer rechtlicher Rahmen für das Wertpapiergeschäft zwischen Anleger und Bank vorgegeben werden und dadurch Transparenz und Anlegerschutz erhöht werden. Die wesentlichen Neuregelungen durch Mifid II sind:

▶ Das bisherige Beratungsprotokoll bei Banken wurde durch eine sogenannte Geeignetheitserklärung ersetzt. Die Unterschiede beider Dokumente sind relativ gering. Während das Beratungsprotokoll vor allem den Beratungsprozess beschrieben hat, ist die Geeignetheitserklärung ein Ergebnisprotokoll, mit dem der Berater darlegen soll, warum das empfohlene Produkt für den Anleger geeignet ist.

▶ Banken und viele andere Finanzdienstleister müssen Telefongespräche zu Wertpapiergeschäften jetzt aufzeichnen (sogenanntes Taping). Die Aufzeichnungen müssen gespeichert und in der Regel fünf Jahre aufbewahrt werden.

▶ Anleger sollen noch genauer über die bei einem Wertpapiergeschäft anfallenden Kosten informiert werden. Dazu erhält jeder Kunde vor der Unterschrift eine genaue Aufstellung der entstehenden Kosten sowohl in absoluter Größe in Euro als auch in Prozent des Anlagebetrages. Es werden sowohl die Kosten der Dienstleistungen (zum Beispiel Transaktionskosten, Verwahrungskosten) als auch die Kosten des Finanzinstrumentes (zum Beispiel Management- und Performancegebühren) aufgelistet.

▶ Anleger erhalten vierteljährlich Aufstellungen über den aktuellen Stand der von ihnen gehaltenen Finanzinstrumente.

▶ Für alle neuen Finanzinstrumente müssen die Anbieter einen Zielmarkt bestimmen. Dieser Zielmarkt dient als Grundlage der Risiko- und Bedürfnisanalyse im Beratungsgespräch und soll sicherstellen, dass die angebotenen Finanzprodukte den Bedürfnissen der Anleger entsprechen.

Produktinformationsblatt und Wesentliche Anlegerinformationen

Kurz und verständlich, die wichtigsten Fakten auf einen Blick. So sollen verschiedene gesetzlich vorgeschriebene Informationsblätter – auch „Beipackzettel" genannt – Anleger über Finanzprodukte informieren. Banken und andere Finanzdienstleister müssen Kunden neben dem Beratungsprotokoll bei Anlageberatungen zu Wertpapieren ein Produktinformationsblatt aushändigen. Dieses soll maximal drei Din-A4-Seiten umfassen und muss

▶ die Art des Finanzprodukts,
▶ seine Funktionsweise,
▶ die mit dem Produkt verbundenen Risiken sowie
▶ die mit der Anlage verbundenen Kosten beschreiben.

Produktinformationsblätter gibt es zu Aktien, Anleihen und Zertifikaten, zu Pfandbriefen und Bundeswertpapieren.

Für Investmentfonds gibt es ein eigenes Produktinformationsblatt, das sogenannte Basisinformationsblatt (BIB, auch PRIIPS KID). Es wird von den Fondsgesellschaften erstellt und muss auf drei Seiten über die wichtigsten Details wie Ziele und Anlagepolitik, Risiko- und Ertragsprofil, Kosten und die frühere Wertentwicklung des Fonds aufklären. Es muss den Kunden vor dem Kauf eines Fonds ausgehändigt werden, damit sie es in Ruhe lesen können.

Ex-post-Kostenausweis

Seit 2019 müssen Finanzdienstleister ihren Kunden jährlich einen Ex-post-Kostenausweis vorlegen, der alle Produkt- und Dienstleistungskosten des Depots enthält. Dort steht, welche Kosten absolut und in Prozent zum angelegten Vermögen entstanden sind.

Interessant ist der Kostenausweis vor allem für Anleger, die gemanagte Fonds besitzen. Es werden auch Kauf- und Verkaufskosten eingerechnet, die im vergangenen Jahr angefallen sind. Die Kosten müssen aber nicht noch einmal extra gezahlt werden, sie wurden bereits vom Fondsvermögen entnommen beziehungsweise bei den Kauf- und Verkaufsspesen direkt abgezogen.

So finden Sie die richtige Bank und das passende Depot

Wenn Sie die Kosten Ihrer Geldanlagen senken, erhöhen Sie automatisch die Rendite – und das ganz ohne Risiko. Mit der Wahl der passenden Bank können Sie mitunter bis zu mehrere Hundert Euro pro Jahr sparen.

Es ist manchmal schon komisch. Da beschweren sich Anleger über die niedrigen Zinsen, die ihre Bank ihnen für Zinsanlagen wie Sparbuch und Festgeld zahlt, nehmen es aber ohne Murren hin, hohe Depotgebühren und Transaktionskosten zahlen zu müssen.

Bei den Kosten rund um Ihre Wertpapiere besteht ein immenses Sparpotenzial, wenn Sie bereit sind, zu der für Sie passenden Direktbank zu wechseln oder zumindest bei Ihrer Filialbank auf Onlinebanking umzusteigen. Auch bei Zinsanlagen wie Tagesgeld oder Festgeld bieten die Direktbanken meist deutlich bessere Konditionen. Ein Konto bei einer Direktbank zu eröffnen macht keine große Mühe.

Egal, ob Sie Fonds, Aktien, Anleihen oder andere Wertpapiere erwerben möchten: als Privatanleger können Sie sie nicht selbst an der Börse handeln. Für den Kauf und Verkauf von Wertpapieren benötigen Sie grundsätzlich eine Bank, die als Vermittler zwischen

Ein Konto bei einer Direktbank zu eröffnen macht keine große Mühe, siehe Checkliste „So eröffnen Sie ein Konto bei einer Direktbank", S. 83.

ℹ **Isin ist die Abkürzung** für „International Securities Identification Number". Sie dient der weltweit eindeutigen Zuordnung von Wertpapieren, die an einer Börse gehandelt werden. Im Jahr 2003 wurde die Wertpapierkennnummer (WKN) durch die zwölfstellige Isin abgelöst. Die Isin beginnt mit einem Ländercode, der dem Anleger zeigt, in welchem Land das Wertpapier aufgelegt wurde. DE etwa steht für Wertpapiere aus Deutschland, FR für Frankreich, GB für Großbritannien, IE für Irland, LU für Luxemburg oder US für USA. Häufig kommen Anleger aber noch mit der kürzeren WKN weiter, wenn sie nur diese zur Hand haben.

So nagen die Kosten an Ihrer Rendite

So hoch sind Ihre Einbußen nach 20 Jahren bei einer angenommenen jährlichen Rendite von 6 Prozent – je nachdem, welcher Prozentsatz im Jahr für die Kosten abgeht.

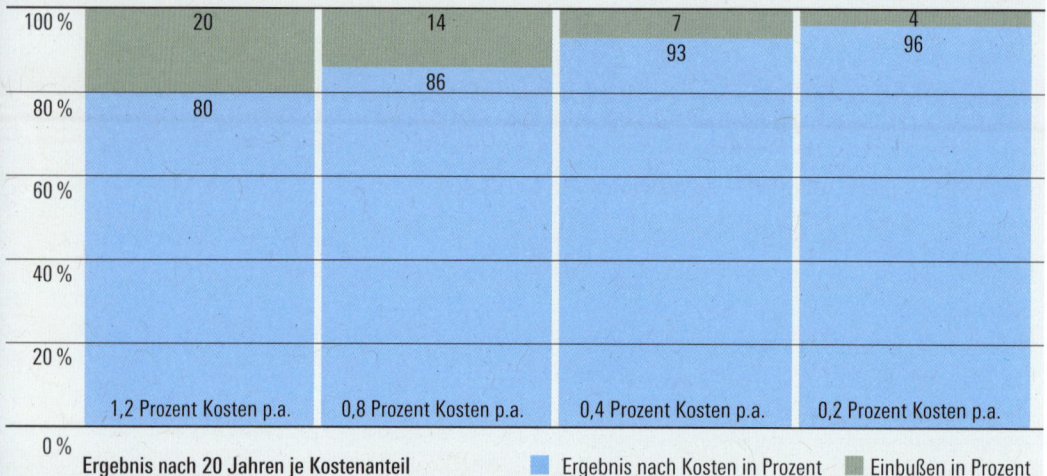

Optimieren Sie Ihre Depotgebühren

Anleger und Börse dient. Überdies müssen Ihre Wertpapiere in einem Depot verwahrt werden, das ebenfalls von Ihrer Bank geführt wird. Beim Kauf und Verkauf stellt Ihnen Ihre Bank Transaktionskosten, auch Orderkosten genannt, in Rechnung.

Optimieren Sie Ihre Depotgebühren

Ihre Wertpapiere – diese erkennen Sie grundsätzlich daran, dass sie eine Wertpapierkennnummer (WKN) oder Isin besitzen – müssen in einem Depot verwahrt werden, das bei Ihrer Bank geführt wird. Dafür zahlen Kunden von Filialbanken häufig über 50 Euro im Jahr, bei großen Depots mit hohen Werten von 100 000 Euro und mehr auch bis zu mehreren Hundert Euro. Wesentlich günstiger ist das Depot bei Direktbanken. Dort ist die Aufbewahrung Ihrer Aktien, Fonds, Anleihen und Zertifikate meist kostenlos. Nur manche An-

bieter knüpfen die Gratisverwahrung an Bedingungen wie etwa ein Mindestdepotvolumen, die Transaktionshäufigkeit, die Eröffnung eines Girokontos oder die Nutzung des Onlinepostfaches.

Achten Sie bei den Direktbanken auch darauf, welche sonstigen Kosten dort anfallen werden, insbesondere welche Kauf- und Verkaufskosten sie in Rechnung stellen. Als Faustregel gilt: Wer viel handelt, sollte vor allem ein Auge auf die Kosten haben, die die Bank für den Kauf und Verkauf von Wertpapieren berechnet. Wer wenig handelt, sollte auf möglichst geringe Depotgebühren achten.

Ein Wechsel zu einem kostenlosen Wertpapierdepot bei einer Direktbank ist einfacher, als viele denken. Es reicht, den Antrag bei der neuen Bank auszufüllen und das alte Konto zu kündigen. Es reicht hingegen nicht, nur die Wertpapiere zu übertragen, denn auch ein lee-

Checkliste

Darauf sollten Sie beim Depotübertrag achten

Die Depotbank zu wechseln ist sehr leicht. Sie müssen aber einige Feinheiten beachten, um unliebsamen Überraschungen vorzubeugen. Wichtig: Erkundigen Sie sich vorab bei der annehmenden Bank, ob diese es Ihnen auch ermöglicht, Ihre Fonds zu handeln. Dies spielt bei „unbekannteren" Fonds eine Rolle. Im schlimmsten Fall liegt Ihr Wertpapier dann in einem Depot und Sie können es nicht verkaufen.

☐ **Handelssperre:** Der Übertrag kann je nach Anbieter zwischen ein paar Tagen und mehreren Wochen dauern. In dieser Zeit haben Sie keinen Zugriff auf Wertpapiere und Fonds, können also nichts verkaufen. Ist Ihnen das bei bestimmten Wertpapieren zu heikel, sollten Sie sich vorher von ihnen trennen.

☐ **Bestandsschutz:** Für Wertpapiere, die vor dem 1. Januar 2009 gekauft wurden, mussten Anleger bis Ende 2017 keine Abgeltungsteuer auf Kursgewinne zahlen. Der Bestandsschutz bleibt auch beim Depotwechsel erhalten. Das gilt jedoch nicht mehr für Investmentfonds. Seit 1. Januar 2018 gibt es für „Altfonds" nur noch einen Freibetrag auf Kursgewin-

ne bis 100 000 Euro. Heben Sie daher die Kaufunterlagen Ihrer Altfonds auf, um später nachweisen zu können, dass Sie diese vor 2009 angeschafft haben, falls diese Informationen beim Depotwechsel nicht korrekt weitergegeben wurden.

☐ **Verlustübertrag:** Sie können Verluste, die Sie bei Börsengeschäften erlitten haben, mit künftigen Gewinnen verrechnen lassen. Damit sparen Sie Abgeltungsteuer. Auch ausländische Quellensteuern können Sie anrechnen lassen. Dazu benötigen Sie einen Verlustübertrag von Ihrer alten Bank.

☐ **Freistellungsauftrag:** Denken Sie daran, den Freistellungsauftrag bei der alten Bank zu löschen und bei der neuen Bank neu zu stellen.

☐ **Investmentfonds:** Bruchstücke von gemanagten Fonds lassen sich nicht ins neue Depot übertragen. Anleger können sie aber ohne Zusatzkosten an die Fondsgesellschaft zurückgeben. Wählen Sie dafür beim Verkauf mittels Onlinebanking in der Ordermaske die Fondsgesellschaft als Handelsplatz aus.

res Depot kostet Depotgebühren. Um den Übertrag der Wertpapiere kümmert sich die neue Bank. Einige Banken bieten mit dem Depotübertrag gleichzeitig den Service an, das alte Depot abzuwickeln, dabei Fondsanteil-Bruchstücke zu verkaufen und das Depot zu löschen.

Banken dürfen für den Übertrag einzelner Wertpapiere oder eines ganzen Depots kein Geld verlangen. Der Übertrag kann dennoch Kosten verursachen. Denn die Banken verwahren die Wertpapiere ihrer Kunden bei einer Verwahrstelle und reichen die Kosten, die ihnen die Verwahrstellen in Rechnung stellen, an die Kunden weiter. In der Praxis geschieht dies in der Regel aber ausschließlich bei ausländischen Wertpapieren.

Sparen Sie bei den Orderkosten

Wenn Sie regelmäßig Wertpapiergeschäfte tätigen, ist ein Wechsel zu einer preiswerten Direktbank ein Gebot der Vernunft – egal ob es sich um Fonds, Einzelaktien oder andere Wertpapiere handelt. Denn während Filialbanken beispielsweise für eine Aktienorder (Kauf- oder Verkaufsauftrag) durchschnittlich etwa 1 Prozent der Kauf- oder Verkaufssumme als Gebühren in Rechnung stellen, kostet dies bei den günstigsten Direktbanken nur einen Bruchteil. Bei Anleihen stellen Filialbanken in der Regel 0,5 Prozent in Rechnung. Außerdem gibt es bei Filialbanken – im Unterschied zu den Direktbanken – fast nie eine Obergrenze für die Transaktionskosten.

Beispiel: Ein Anleger zahlt um die 100 Euro Ordergebühren, wenn er in einer Bankfiliale für 10 000 Euro Aktien kauft. Investiert er 30 000 Euro, berechnet die Bank rund 300 Euro für den Auftrag.

Auch für Anleger, die ihre Bank nicht wechseln wollen, gibt es häufig erhebliches Sparpotenzial, wenn sie sich für das Onlinebanking freischalten lassen. Sie haben dann bei jedem Wertpapierauftrag die Wahl, entweder den Berater in der Filiale zu beauftragen oder die Daten selbst am Computer einzugeben. Filialorders kosten bei derselben Bank mitunter ein Mehrfaches der Internetorders. Bei Sparkassen sind zudem oft die Preise im Onlinebanking im Gegensatz zur Filialorder gedeckelt.

Bei den Transaktionskosten sind die Preismodelle der Banken sehr unterschiedlich. Je öfter Sie regelmäßig Wertpapiere handeln, umso größer ist grundsätzlich Ihr Einsparpotenzial, wenn Sie die passende Bank für Ihre Ziele wählen. Vergleichen Sie vor einem Bankwechsel die Kosten, die bei verschiedenen Anbietern voraussichtlich auf Sie zukommen.

Folgende Gebührenmodelle sind verbreitet:
▶ **Feste Prozentsätze:** Die Ordergebühren berechnen sich, wie im vorigen Beispiel, als fester Prozentsatz vom Auftragsvolumen.
▶ **Preisstaffel:** Je nach Wert eines Wertpapierauftrags wird eine bestimmte Gebühr verlangt.
▶ **Prozentsätze mit Mindest- und Maximalgebühr:** Der Preis wird nach einem

Prozentsatz vom Auftragsvolumen berechnet. Liegt er allerdings unter der Mindestgebühr, wird diese fällig. Hier müssen Anleger, die kleinere Summen investieren wollen, aufpassen. Beträgt die Gebühr beispielsweise 1 Prozent bei einer Mindestgebühr von 35 Euro und beträgt der Anlagebetrag 1000 Euro, zahlt der Anleger prozentual 3,5 Prozent Ordergebühren – viel zu viel.

▶ **Flatrate:** Hier zahlen die Kunden unabhängig vom Auftragsvolumen immer eine feste Gebühr pro Handel. Sie müssen also nicht lange herumrechnen, um den Orderpreis zu ermitteln. Da Flatfees außerdem meist am unteren Ende der Preisskala aller ↗ Gebührenmodelle liegen, können Anleger hier kaum etwas falsch machen.

Neben den Ordergebühren, die bei einem Wertpapierauftrag an die Bank gezahlt werden müssen, fallen beim Börsenkauf in der Regel noch Fremdspesen wie Börsenplatzgebühr oder Maklercourtage an. Viele Banken reichen die Fremdspesen direkt an die Anleger weiter. Manche verlangen Pauschalpreise, die aber nicht immer alle Fremdspesen enthalten. Je nach Börsenplatz und Wertpapiergattung fallen die Fremdspesen unterschiedlich aus. Bei einer 5000-Euro-Order liegen sie meist zwischen 2 und 6 Euro.

Neobroker revolutionieren den Wertpapierhandel

Eine neue Entwicklung im Bereich günstiger Wertpapierhandel sind die sogenannten Smartphonebroker, auch Neobroker genannt. Diese revolutionieren gerade mit ihrem radikal günstigen Angebot den Markt für Aktien, ETF und weitere Wertpapiere sowie Derivate und Kryptowährungen. Sie richten sich vor allem an internetaffine, oft jüngere Anleger, die auf Beratung und klassischen Service verzichten wollen. Anleger können bei diesen Anbietern über eine App oder den Browser auf ihrem Smartphone handeln. Das Angebot an Wertpapieren ist geringer als bei den meisten Direktbanken, da die Neobroker nur mit einer oder zwei Börsen zusammenarbeiten. Ein Handel über die Börsenplattform Xetra oder ausländische Börsen ist nicht möglich. Die Apps sind einfach und intuitiv zu bedienen, die Kosten liegen bei 0 Euro oder 1 Euro pro Trade und es gibt keine oder geringe Mindestanlagesummen. Viele ETF-Sparpläne sind kostenfrei, manchmal auch der Kauf von gemanagten Fonds. Diese Angebote haben zwar inzwischen viele Online-Banken, aber gerade der Einmalkauf von ETF erscheint nun im Verhältnis zu den Neobrokern regelrecht teuer. Gerade die kostenlosen ETF-Sparpläne der Neo-Broker machen sie auch für Normalanleger interessant. Ein Depotwechsel eines bestehenden Depots zum Smartphonebroker ist aber nicht immer möglich. Wenn Anleger ihren bisherigen Wertpapierbestand behalten wollen, müssen sie dann den neuen Broker für ein Zweitdepot nutzen.

Auch für Anleger, die sich mit nur geringeren Anlagesummen ein breit gestreutes Depot aus Einzelaktien aufbauen wollen, sind die Neobroker interessant. Anleger können sich ein diversifiziertes Portfolio aus in der Regel 20 oder mehr Einzelwerten aufbauen, ohne dass die Kaufkosten unverhältnismäßig stark zu Buche schlagen. Beispielsweise können Anleger so 15 000 Euro auf 20 bis 30 Aktien verteilen und damit eine akzeptable Streuung ihres Aktienportfolios erreichen.

Bekannte Neobroker sind: Smartbroker, Gratisbroker, Trade Republic, Flatex-next, Justtrade und Scalable Capital. Sie verdienen ihr Geld vor allem mit Provisionen der Handelsplatzbetreiber, die sich neben dem kostenlosen Trading weitere Geschäfte wie beispielsweise den Verkauf von Zertifikaten versprechen.

Die günstigen Konditionen der Smartphonebroker haben natürlich auch Nachteile. Sie sind anders als herkömmliche Banken und Direktbanken nicht einfach telefonisch erreichbar, Probleme werden meist über E-Mail oder Chatfunktionen gemeldet. Bei der Depoteröffnung über das Videoident-Verfahren brauchen Anleger mitunter etwas mehr Geduld. Möglicherweise werden einige Anbieter auch wieder verschwinden. Die Wertpapiere der Anleger sind dabei grundsätzlich im Depot sicher, der Anleger hat dann aber den Aufwand, einen neuen Broker dafür zu suchen.

▶ Finanztest untersucht regelmäßig die Depot- und Kaufgebühren der Banken. Welche Banken in den Tests aktuell gut abschneiden, können Sie unter www.test.de Suchwort „Depotgebühren" nachschauen.

Börsenwissen für Einsteiger

Wertpapiere werden an Börsen gehandelt. Daher sollte jeder Anleger eine Vorstellung davon haben, wie eine Börse funktioniert.

Eine Börse ist im Grunde nichts anderes als ein organisierter Markt, auf dem spezielle Waren gehandelt werden. Sie lässt sich in unterschiedliche Teilmärkte gliedern: den Aktienmarkt, den Renten- oder Anleihemarkt, den Terminmarkt und die Devisenbörse – je nachdem, welches Finanzprodukt gehandelt wird. Anders als auf einem Wochenmarkt oder einem Internetmarkt wie Ebay findet der Handel an der Börse aber nicht direkt zwischen Käufer und Verkäufer statt, sondern zwischen dafür zugelassenen Händlern. Wichtig für Anleger ist vor allem der Aktien- und Anleihemarkt, also die Wertpapierbörse.

Zentrale Aufgaben der Börse
Unternehmen benötigen ausreichend Kapital für ihre Investitionen, etwa um neue Produkte

zu entwickeln und zu produzieren oder um neue Standorte aufzubauen und zu expandieren. Dafür ist viel Geld nötig, das nicht allein über Darlehen von Banken zur Verfügung gestellt werden kann. Auch Banken und Staaten benötigen laufend Kapital. Auf der anderen Seite gibt es Millionen Menschen, die ihr Geld in renditeträchtige Anlagen investieren wollen. Um sich Kapital zu verschaffen, geben Unternehmen, Banken und Staaten Wertpapiere heraus, in die Anleger ihr Geld investieren können. Die Funktion einer Börse besteht nun darin, Angebot und Nachfragen nach diesen Wertpapieren an einem zentralen Ort während fester Handelszeiten zu bündeln. Dadurch ergeben sich ein liquiderer Handel sowie marktgerechtere und transparentere Preise der angebotenen Wertpapiere.

Der börsliche Handel wird durch staatliche Aufsichtsbehörden (in Deutschland: die Bundesanstalt für Finanzdienstleistungsaufsicht, Bafin) und durch Handelsüberwachungsstellen der Börsen kontrolliert. Um Marktmanipulationen zu verhindern, dürfen in Deutschland nur registrierte Börsenmakler und die Händler der Banken direkt an der Börse tätig werden.

Privatanleger dürfen nicht selbst an der Börse handeln, sondern brauchen einen Mittler. Sie kaufen die Wertpapiere bei ihrer Bank, und diese leitet die Order an die Börse weiter.

Es gibt mehr als eine Börse

Auch wenn Fachleute häufig von „der" Börse sprechen, wenn sie den Aktien- oder Anleihenmarkt meinen, gibt es weltweit natürlich zahlreiche Wertpapierbörsen. In den verschiedenen Ländern der Welt sind aber die organisierten Börsen jeweils auf wenige Standorte beschränkt. Das gewährleistet, dass die Zahl der jeweiligen Marktteilnehmer hoch ist und der Handel konzentriert werden kann. Selbst in den USA gibt es nur wenige Börsenplätze. Die nach Umsatz und Marktkapitalisierung größte Börse der Welt ist die New York Stock Exchange (NYSE).

Die weltweite Vernetzung und Verteilung der Börsen rund um den Globus führen dazu, dass Anleger Aktiengeschäfte heute praktisch rund um die Uhr abschließen können. Wenn beispielsweise der Xetra-Handel in Frankfurt um 17.30 Uhr geschlossen wird, hat in New York der Handel gerade erst begonnen (15.30 Uhr bis 22.00 Uhr unserer Zeit). Kaum ist der New Yorker Handel beendet, startet er schon wieder in Tokio (1.00 Uhr bis 7.00 Uhr unserer Zeit).

▶ Regionalbörsen in Deutschland

In Deutschland gibt es acht Wertpapierbörsen, eine Warenterminbörse, eine Wertpapierterminbörse und eine Devisenbörse. Die größte und wichtigste ist die Frankfurter Wertpapierbörse mit ihren Handelsplätzen Börse Frankfurt und Xetra. Außerdem gibt es noch Regionalbörsen. Die nach Frankfurt zweitgrößte ist die Börse Stuttgart, die speziell im Anleihen-Handel stark ist. Eine bedeutende Stellung im Handel von Investmentfonds hat auch die Börse Hamburg, die von der Börsen AG gemeinsam mit der Börse Hannover betrieben wird. Weitere Regionalbörsen finden sich in

Tages-Chart am Beispiel einer Adidas-Anleihe

Ein Kurs-Chart zeigt grafisch die Preisveränderung eines Wertpapiers über einen bestimmten Zeitraum (hier: Adidas-Anleihe über fünf Jahre).

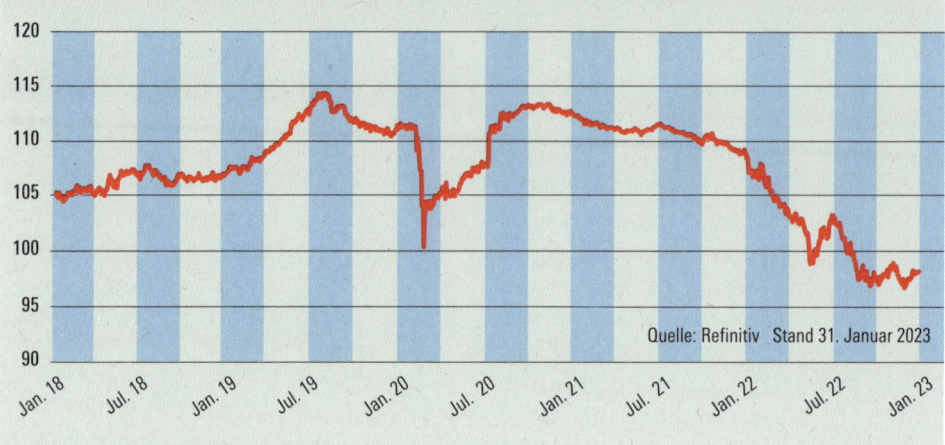

Quelle: Refinitiv Stand 31. Januar 2023

Berlin, Düsseldorf, München. Die Tradegate Exchange in Berlin und die European Energy Exchange in Leipzig sind zwar auch (spezialisierte) Wertpapierbörsen, sie werden aber nicht als Regionalbörsen bezeichnet.

▶ **Parketthandel ist bald Vergangenheit**
Auch wenn Börsensendungen im Fernsehen gerne aus den Börsensälen übertragen werden, wo früher die Händler und Börsenmakler auf dem „Börsenparkett" untereinander schreiend und wild gestikulierend gehandelt haben, sind die meisten Börsen der Welt heute keine sogenannten Präsenz- oder Parkettbörsen mehr, sondern moderne Computerbörsen. Computerprogramme übernehmen die Berechnung der Preise der Wertpapiere und wickeln den Handel ab.

Ein solches System ist zum Beispiel das elektronische Xetra-System der Deutschen Börse AG, über das über 90 Prozent des gesamten Aktienhandels an deutschen Börsen abgewickelt werden. Den „klassischen" Parketthandel, bei dem sich die Händler Preise zuriefen, hat die Deutsche Börse in Frankfurt am Main vor einigen Jahren eingestellt. Aktien, Anleihen, Fonds und andere Anlagen werden dort aber weiter im Parketthandel über Spezialisten gehandelt. Daneben gibt es in Deutschland weitere Parketthandelsplätze an den Regionalbörsen.

Weder im Computer- noch im Präsenzhandel werden heute an einer Wertpapierbörse physische Waren ausgetauscht. Wertpapiere in Papierform, die den Besitzer wechseln, gibt es kaum noch. Die Papiere werden vielmehr virtuell ausgetauscht, indem sie aus dem Depot des Verkäufers aus- und in das des Käufers eingebucht werden. Der Kaufpreis wird vom Käuferkonto abgebucht und dem Verkäuferkonto gutgeschrieben.

Angebot und Nachfrage bestimmen den Preis

Der Kaufpreis an der Börse wird nach dem Prinzip von Angebot und Nachfrage ermittelt. Je höher die Nachfrage nach einem Wertpapier ist, umso höher steigt sein Preis. Angebot und Nachfrage können sich mitunter im Sekundentakt ändern. Aufgabe der Börsenmakler und elektronischen Handelssysteme ist es, aus den verschiedenen Preisvorstellungen den Preis zu ermitteln, zu dem ein größtmöglicher Umsatz zustande kommt, also die größtmögliche Anzahl an Kauf- und Verkaufsaufträgen erfüllt werden kann. Den Preis, zu dem ein Wertpapier an der Börse gehandelt wird, nennt man auch „Kurs" oder „Börsenkurs".

Trägt man in einem Koordinatensystem auf der y-Achse den Preis des Wertpapiers und auf der x-Achse den Zeitverlauf ein, erhält man den Kurs-Chart eines Wertpapiers. Aus diesem kann man erkennen, wie sich sein Preis in einem bestimmten Zeitablauf verändert hat.

Indizes schaffen Vergleichbarkeit

Weltweit gibt es Millionen von Wertpapieren. Wollen Anleger einen allgemeinen Marktüberblick über unterschiedliche Wertpapierbereiche und die Stimmung an den Märkten erhalten, können ihnen Indizes dabei helfen. Diese zeigen die Entwicklung einer bestimmten Anzahl von Wertpapieren über einen bestimmten Zeitraum an und können Indikator für einen Gesamt- oder Teilmarkt, eine Branche oder Region sein.

Die Grundidee eines Index ist einfach: Eine bestimmte Anzahl von Aktien oder Anleihen wird zu einem Korb zusammengefasst, die Einzelkurse werden addiert und durch die Anzahl der enthaltenen Wertpapiere geteilt. Man erhält dann einen Durchschnittskurs des Wertpapierkorbes. Dieser Kurs wird als Indexstand bezeichnet. Er ändert sich entsprechend den Kursänderungen der enthaltenen Einzelwerte ständig.

Damit ein Index ein einigermaßen realistisches Bild der Markttendenz geben kann, muss er auch die unterschiedliche Bedeutung der einzelnen Indexmitglieder widerspiegeln. Die Unternehmen an der Börse haben ein unterschiedlich großes Gewicht. In einem Aktienindex, der sowohl milliardenschwere Großkonzerne als auch kleine Unternehmen enthält, werden daher die Anteile der einzelnen Unternehmen am Index unterschiedlich gewichtet. Kriterien sind bei Aktien unter anderem der Börsenwert des Unternehmens oder die Zahl der durchschnittlich pro Tag gehandelten Anteile. Bei Anleihen-Indizes ist häufig die Höhe des Emissionsvolumens ein Ordnungsmerkmal.

Indizes lassen sich fast für jede Anlageklasse bilden. Neben Wertpapierindizes auf Aktien und Anleihen gibt es Indizes bei Immobilien und Rohstoffen. Innerhalb der einzelnen Klassen lassen sich nahezu beliebige Unterklassen bilden.

Aktienindizes werden beispielsweise nach folgenden Kriterien gebildet:

▸ **Regionen:** wie Afrika, Asien, Emerging Markets, Europa, Eurozone, Latein-, Nordamerika, Welt

▸ **Länder:** wie Brasilien, China, Deutschland, Griechenland, Japan, Russland, USA

▸ **Sektoren:** wie Autos, Banken, Chemie, Gesundheit, Industrie, Technologie, Versorger

▸ **Strategien:** wie Dividenden, Nachhaltigkeit

Anleihen-Indizes gibt es unter anderem für
▸ Geldmarktpapiere
▸ Pfandbriefe
▸ Staatsanleihen
▸ Unternehmensanleihen

Rohstoffindizes fassen einzelne Rohstoffsegmente wie Agrargüter, Energierohstoffe, Industrie- und Edelmetalle zusammen.

Was sollten Sie bei der Steuer beachten?

Natürlich will auch das Finanzamt etwas von Ihren Anlageerfolgen abhaben. Bei Kapitaleinkünften greift es mit der Abgeltungsteuer direkt an der „Quelle" Ihrer Erträge zu.

Seit 2009 macht das Finanzamt keinen Unterschied mehr: Sowohl für Zinsen als auch für Dividenden und Gewinne aus dem Verkauf von Wertpapieren gilt die Abgeltungsteuer von 25 Prozent plus Solidaritätszuschlag Abgeltungsteuer (der bei Kapitaleinkünften noch nicht weggefallen ist) und gegebenenfalls Kirchensteuer. Wie der Name Abgeltungsteuer bereits andeutet, handelt es sich hierbei um eine Quellensteuer, bei der der Steuerabzug an der Quelle der Einkünfte – der auszahlenden Bank – vorgenommen wird. Das macht eine

gesonderte Steuerveranlagung überflüssig, da die Steuer durch den Vorwegabzug bereits abgegolten ist.

Bei diesen Abzügen bleibt es selbst dann, wenn Anleger insgesamt so viel Einkommen versteuern müssen, dass ihr persönlicher Steuersatz über 25 Prozent liegt. Ist ihr persönlicher Steuersatz niedriger, müssen sie dagegen nur den niedrigeren Satz für ihre Kapitaleinkünfte zahlen. Um in den Genuss des niedrigeren Steuersatzes zu kommen, müssen sie ihre Erträge allerdings über die Steuererklärung mit dem Finanzamt abrechnen.

Steuerfreie Kapitalerträge

Kapitalerträge sind nicht ab dem ersten Euro steuerpflichtig. Sie können jedes Jahr Kapitalerträge bis zur Höhe des Sparerpauschbetrages von 1 000 Euro (Ehepaare 2 000 Euro) von der Abgeltungsteuer freistellen lassen. Dazu müssen Sie Ihrer Bank einen Freistellungsauftrag erteilen. Sie können den Freibetrag auch auf verschiedene Kreditinstitute aufteilen. Vermeiden sollten Sie jedoch, dass Sie mehr verteilen als die 1 000 Euro (2 000 Euro), die Ihnen über den Pauschbetrag gewährt werden – denn das Finanzamt kontrolliert die Summe der über alle Banken erteilten Freistellungsaufträge. Der Freistellungsauftrag bei einer Bank gilt für sämtliche Erträge aus Geld- und Wertpapiergeschäften dort, also zum Beispiel für Zinsen des Tagesgeldkontos und Dividenden und Veräußerungsgewinne auf Wertpapiere.

Darüber hinaus gibt es einen Bestandsschutz für Kursgewinne bei Wertpapieren, die vor 2009 gekauft wurden: Bei einem Verkauf realisierte Kursgewinne von vor 2009 gekauften Aktien oder Anleihen bleiben steuerfrei. Eine Ausnahme sind Fonds. Hier haben sich die Regeln mit der Investmentsteuerreform ab 2018 geändert. Gewinne aus Verkäufen von Fonds, die vor 2009 gekauft wurden, waren nur bis Ende 2017 steuerfrei. Seit 2018 bleibt Anlegern aber ein Freibetrag von insgesamt 100 000 Euro auf ihre Gewinne aus diesen Altbeständen. Für Wertsteigerungen, die ein solcher Uralt-Fonds ab 2018 erzielt hat und die bei Verkauf realisiert werden, zahlen Anleger trotzdem erst dann Steuern, wenn ihr 100 000-Euro-Freibetrag verbraucht ist.

So berechnet sich die Abgeltungsteuer

Zu den Kapitalerträgen, die unter die Abgeltungsteuer fallen, zählen neben Zinsen, Dividenden und Verkaufsgewinnen zum Beispiel auch Währungsgewinne aus Anleihen oder Mieteinnahmen aus offenen Immobilienfonds. Auch ausländische Kapitalerträge (zum Beispiel Dividenden einer ausländischen Aktiengesellschaft) eines in Deutschland ansässigen Anlegers unterliegen dem Steuerabzug, wenn die Bank des Anlegers, die diese Kapitalerträge auszahlt, ihren Sitz in Deutschland hat. Wurde im Ausland bereits eine ausländische Steuer erhoben, ist diese auf die Abgeltungsteuer anzurechnen.

Auch für ausländische thesaurierende Fonds wird seit 2018 ein Quellenabzug vorgenommen. Thesaurierend heißt, dass diese Fonds die Erträge wie Zinsen oder Dividenden nicht ausschütten, sondern dem Fondsvermögen zuschlagen. Laufende Erträge aus einem ausländischen thesaurierenden Fonds unterlagen bis Ende 2017 nicht dem Quellensteuerabzug, sondern mussten nachträglich in der Steuererklärung angegeben werden. Das galt selbst dann, wenn die Fondsanteile in einem inländischen Depot verwahrt wurden. Auch das hat sich mit der Investmentsteuerreform geändert. 2018 wurde für thesaurierende

Gut zu wissen

NV-Bescheinigung erspart Steuerveranlagung. Haben Sie hohe Zinsen und andere Kapitalerträge, aber ein geringes Gesamteinkommen, weil vielleicht Ihre Rente gering ist, können Sie sich von der Bank steuerfrei viel mehr auszahlen lassen, als es der Sparerpauschbetrag erlaubt. Wenn nämlich Ihr gesamtes Einkommen so niedrig ist, dass Sie keine Steuern zahlen müssen, können Sie beim Finanzamt eine Nichtveranlagungsbescheinigung (NV-Bescheinigung) beantragen und diese Ihrer Bank vorlegen. Die Bank führt dann keine Abgeltungssteuer mehr ab. Auch Schüler und Studenten können das oft nutzen. Antragsformulare für eine NV-Bescheinigung gibt es beim Finanzamt oder online unter www.formulare-bfinv.de.

So berechnet die Bank die Abgeltungsteuer:	
Zinsen	3 000,00 €
− Sparer-Pauschbetrag	1 000,00 €
Steuerpflichtige Kapitalerträge	2 000,00 €
Abgeltungsteuer (25 % von 2 000 Euro)	500,00 €
Solidaritätszuschlag (5,5 % von 500,00 Euro)	27,50 €

Das bleibt dem Anleger von seinen Kapitaleinkünften nach Steuern:	
Zinsen	3 000,00 €
− Abgeltungsteuer	− 500,00 €
− Solidaritätszuschlag	− 27,50 €
Kapitaleinkünfte netto	2 472,50 €

So verrechnen Sie Verluste bei mehreren Banken

Wenn Sie bei einer Bank mit Wertpapieren Verluste und Gewinne erzielen, verrechnet diese sie grundsätzlich miteinander. Bei Verlusten mit Einzelaktien besteht jedoch eine Besonderheit: Sie können nur mit Gewinnen aus Aktiengeschäften, nicht jedoch zum Beispiel mit Gewinnen aus Fonds verrechnet werden. Dazu führt die Bank einen Verlusttopf „Aktien" und einen Verlusttopf „Sonstige".

Haben Sie Depots bei verschiedenen Banken und möchten Verluste mit Wertpapieren bei einer Bank mit Gewinnen bei einer anderen Bank verrechnen, geht das nur im Rahmen Ihrer Einkommensteuererklärung. Denn Banken verrechnen Ihre Gewinne und Verluste nicht untereinander. Das Finanzamt legt bei der Steuerveranlagung dann die Differenz zu-

Fonds eine sogenannte Vorabpauschale eingeführt, die die Depotbank automatisch abzieht. *Beispiel: Ein alleinstehender Anleger hat 100 000 Euro in eine Anleihe investiert und erhält daraus eine Zinszahlung von 3 Prozent. Er ist bereits vor Jahren aus der Kirche ausgetreten, zahlt also keine Kirchensteuer. Seiner Bank, bei der die Anleihe im Depot liegt, hat er einen Freistellungsauftrag über 1 000 Euro erteilt.*

grunde und erstattet oder verrechnet zu viel gezahlte Abgeltungsteuer bei der Einkommensteuerberechnung. Je nach Depothöhe und Anlageerfolg beziehungsweise -misserfolg können das mehrere Tausend Euro Abgeltungsteuer sein, die Sie so in einem Jahr sparen können.

Um Verluste im Rahmen der Einkommensteuererklärung geltend machen zu können, benötigen Sie eine sogenannte Verlustbescheinigung der Bank, bei der die Verluste entstanden sind. Den Antrag auf eine Verlustbescheinigung müssen Sie bis zum 15. Dezember des laufenden Jahres bei der jeweiligen Bank stellen. Den Antrag können Sie nicht widerrufen, wenn er einmal gestellt ist. Die Bank setzt dann den bei ihr geführten Verlusttopf auf null zurück, damit es nicht zu einer doppelten Verlustverrechnung auf Bankseite kommt. Ohne Antrag würde die Bank einen verbleibenden Verlust ins Folgejahr übertragen und mit Gewinnen, die bei ihr anfallen, verrechnen.

Viele Banken bieten Ihnen online die Möglichkeit, den Stand der Verlustverrechnungstöpfe einzusehen (meist unter dem Unterpunkt „Steuern"). Prüfen Sie, ob bei einer Bank Verluste aufgelaufen sind, die noch nicht verrechnet wurden.

Der Bundesfinanzhof hält die eingeschränkte Verlustverrechnung bei Veräußerungsverlusten mit Aktien für eine verfassungswidrige Ungleichbehandlung, da bei anderen Einkommensarten Verluste und Gewinne einfach verrechnet werden können. Der BFH hat diese Frage dem Bundesverfassungsgericht mit Vorlagebeschluss vom 17.11.2020 (VIII R 11/18) zur Prüfung vorgelegt.

Manchmal ist dennoch eine Steuererklärung erforderlich

Wenn Sie vergessen haben, Kapitalerträge mithilfe des Freistellungsauftrages vom Steuerabzug freizustellen, erleiden Sie übrigens keinen Schaden. Über die Steuererklärung können Sie zu viel gezahlte Steuern zurückholen. Sie haben durch den Freistellungsauftrag lediglich einen Liquiditätsvorteil, weil Ihr Geld nicht erst ans Finanzamt geht. Sie erhalten Ihr Geld also schneller. Bei Sparern, die insgesamt den Pauschbetrag von 1 000 Euro beziehungsweise 2 000 Euro nicht überschreiten, ist die Vergabe von Freistellungsaufträgen aber in jedem Fall sinnvoll, denn sie ersparen sich so das Ausfüllen der Anlage KAP der Steuererklärung.

Es kann sein, dass Anleger ihre gesamte gezahlte Abgeltungsteuer mit der Anlage KAP der Steuererklärung zurückholen können, weil sie insgesamt ein so niedriges Einkommen haben, dass sie für ihre Kapitaleinkünfte gar keine Steuern zahlen müssen. Darauf sollten zum Beispiel Rentner achten und mit der Einkommensteuererklärung die Günstigerprüfung beantragen.

Der Freibetrag von 100 000 Euro, der Ihnen bei ab 2018 erzielten Veräußerungsgewinnen von vor 2009 gekauften Fonds zusteht, wird von Ihrer depotführenden Bank beim Abgeltungsteuerabzug nicht berücksichtigt. Sie müssen den Freibetrag in der Veranlagung geltend machen.

Sparangebote der Banken und Sparkassen

Wenn Sie Geldanlagen ohne Kursschwankungen, aber mit festen Zinserträgen suchen, sind die Produkte der Banken und Sparkassen eine gute Option. Ob Niedrigzinsen oder hohe Inflation – bei Zinsanlagen müssen Sie besonders aufpassen, gute Angebote zu finden, um die Kaufkraft Ihres Vermögens bestmöglich zu sichern.

Die Deutschen lieben Zinsanlagen

Untersuchungen zeigen immer wieder, dass hierzulande das meiste Geld in den Sparangeboten bei Banken und Sparkassen sowie in Lebensversicherungen angelegt ist.

Nach wie vor sind Zinsanlagen bei Banken und Sparkassen der Deutschen liebste Anlageform. Aktien und andere Wertpapiere liegen als Anlageklasse weit abgeschlagen dahinter. Grund für diese Vorliebe ist vermutlich das Bedürfnis der Sparer, ihr Geld vor allem sicher, im Sinne von „ohne Wertschwankungen", anzulegen. Denn jeder kennt im Zweifel jemanden, der jemanden kennt, der mit Aktien Geld verloren hat. Ein weiterer Grund dürfte sein, dass Zinsanlagen, die nicht an der Börse gehandelt werden, relativ wenige Vorkenntnisse erfordern und auch in Gelddingen Unerfahrene mit dieser Sparform leicht zurechtkommen.

Auch Zinsanlagen erfordern Grundwissen

Ob Sparangebote der Banken und Sparkassen oder börsengehandelte festverzinsliche Wertpapiere: Zinsanlagen sind eine Möglichkeit, sein Geld sicher und unkompliziert anzulegen. Die Funktionsweise der meisten Zinsanlagen ist einfach und älter als das Geld selbst: Ein Anleger leiht sein Geld als Darlehen (in Form eines Einmalbetrages oder regelmäßiger Sparbeträge) einer anderen Person, einem Unternehmen oder einer Institution für eine bestimmte oder unbestimmte Zeit. Dafür erhält er vom Empfänger des Darlehens ein Entgelt, nämlich den vorher vereinbarten Zins. Der Darlehensnehmer kann nun mit dem Geld arbeiten. Ein Unternehmen kann beispielsweise in neue Anlagen investieren, eine Bank kann das Geld zu einem höheren Zins an andere Unternehmen und Privatpersonen verleihen. Der Anleger als Darlehensgeber kann nach Ablauf der vereinbarten Zeit oder nach der Kündigung des „Darlehens" sein Geld vom Darlehensnehmer zurückverlangen. Sofern der Darlehensnehmer zahlungsfähig ist, erhält er dann sein Geld zurück.

Der Vorteil für die Kunden ist bei dieser Art von Anlage, dass sie genau bestimmen können, wann sie ihr eingesetztes Kapital zurückbekommen und mit welcher Rendite sie rechnen können. Anders als beispielsweise bei Aktien, deren Ertrag wesentlich von ihrer nicht vorhersehbaren Wertentwicklung abhängt, stehen bei vielen Zinsanlagen die Zinserträge und der Rückzahlungsbetrag zum Laufzeitende von vornherein fest. Aus diesem Grund gelten Zinsanlagen als sichere Anlage. Werden die Zinserträge zwischenzeitlich nicht

So legen die Deutschen an

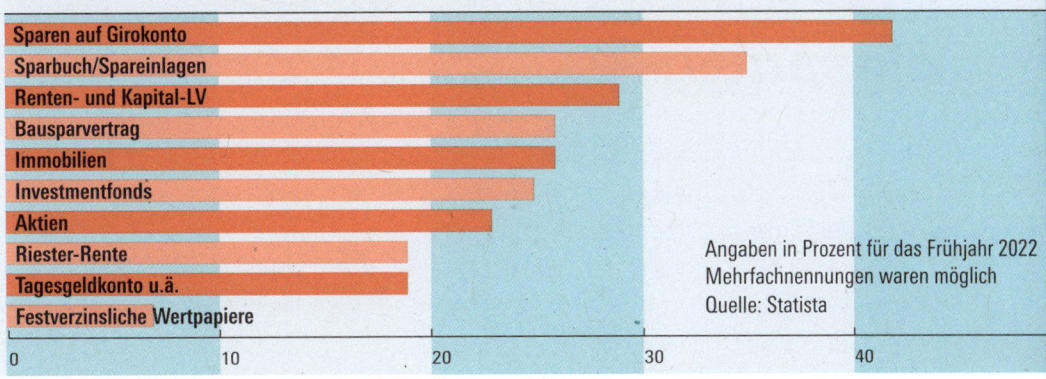

- Sparen auf Girokonto
- Sparbuch/Spareinlagen
- Renten- und Kapital-LV
- Bausparvertrag
- Immobilien
- Investmentfonds
- Aktien
- Riester-Rente
- Tagesgeldkonto u.ä.
- Festverzinsliche Wertpapiere

Angaben in Prozent für das Frühjahr 2022
Mehrfachnennungen waren möglich
Quelle: Statista

0   10   20   30   40

ausgezahlt, profitieren Anleger überdies üblicherweise vom Zinseszinseffekt.

Wie bei allen Geldanlagen ist es wichtig, die Funktionsweise einzelner Zinsanlagen zu verstehen, um das für Sie passende und beste Produkt auswählen zu können. Viele Menschen besitzen aber noch nicht einmal das finanzielle Grundwissen zum Thema Zinsanlagen, wie die Ratingagentur Standard & Poor's im Jahr 2015 mit einem einfachen Test ermittelt hat.

Bei diesem Test, den in Deutschland nur 66 Prozent der Befragten bestanden haben, waren fünf einfache Fragen zu beantworten. Eine Frage lautete: „Stelle Dir vor, Du hast 100 Euro auf Deinem Konto und die Bank fügt jedes Jahr 10 Prozent hinzu. Wie viel Geld besitzt Du dann nach fünf Jahren auf dem Konto, wenn Du in der Zwischenzeit nichts abhebst – 150 Euro, mehr als 150 Euro oder weniger als 150 Euro?" Die Antwort lautet „Mehr als 150 Euro". Da die Bank bereits nach dem ersten Jahr 10 Prozent zu den angelegten Zinsen als Zinser-

trag hinzufügt, liegt im zweiten Jahr eine höhere Summe auf dem Konto, die sich dann wiederum mit 10 Prozent verzinst. Der Anleger erhält am Ende rund 161 Euro ausgezahlt. Sicher hatten Sie die Lösung parat.

Es gibt noch einen Punkt, den Sie immer im Hinterkopf behalten sollten: Zinsanlagen sind nur „nominalwertsicher". Das bedeutet, Sie bekommen am Ende der Laufzeit zwar immer den einbezahlten nominellen Geldwert zurück. Ob Sie sich mit diesem Betrag aber noch so viel leisten können wie zu dem Zeitpunkt, als Sie das Geld angelegt haben, ist nicht sicher. Verantwortlich dafür ist die Inflation. Je höher diese ausfällt, umso teurer wird die allgemeine Lebenshaltung. Ist die Inflationsrate höher als der Zins, den Sie für Ihr angelegtes Geld bekommen haben, verlieren Sie letztlich Geldwert, obwohl Sie in eine vermeintlich sichere, also schwankungsarme Anlage investiert haben.

Offensichtlich hatten einige Deutsche auch bei einer entsprechenden Frage des Tests von

Was ist Inflation?

Wie Inflation Ihr Vermögen vernichten kann, sehen Sie in der nachfolgenden Tabelle. Sie sehen, wie sich die Kaufkraft von heute 1 000 Euro bei unterschiedlichen Inflationsraten über die Jahre entwickelt.

Jahr	2,0 %	3,0 %	4,0 %	6,0 %
0	1 000 €	1 000 €	1 000 €	1 000 €
1	980 €	971 €	962 €	943 €
2	961 €	943 €	925 €	890 €
3	942 €	915 €	889 €	840 €
4	924 €	888 €	855 €	792 €
5	906 €	863 €	822 €	747 €
6	888 €	837 €	790 €	705 €
7	871 €	813 €	760 €	665 €
8	853 €	789 €	731 €	627 €
9	837 €	766 €	703 €	592 €
10	820 €	744 €	676 €	558 €
15	743 €	642 €	555 €	417 €
20	673 €	554 €	456 €	312 €
25	610 €	478 €	375 €	233 €
30	552 €	412 €	308 €	174 €
35	500 €	355 €	253 €	130 €

Quelle: Eigene Berechnungen

Standard & Poor's Probleme: „Stelle Dir vor, die Preise für alle Waren verdoppeln sich in den kommenden zehn Jahren. Dein Einkommen verdoppelt sich auch. Kannst Du Dir dann in den nächsten zehn Jahren mehr leisten als heute, genauso viel oder weniger?" Die richtige Antwort ist „Genauso viel". Auf Zinsanlagen übertragen bedeutet das, dass Sie sich von der Rückzahlung einer Zinsanlage, bei der Sie für fünf Jahre 10 000 Euro zu 1 Prozent angelegt haben, also von 10 510,10 Euro, noch genauso viel leisten können wie vor fünf Jahren, wenn die Inflationsrate in dieser Zeit 1 Prozent

betrug. Lag die Inflation allerdings bei 2 Prozent, benötigen Sie nun 11 040,81 Euro, um die gleichen Güter zu kaufen, und hätten also letztlich Vermögen verloren. Außerdem sind hier Steuern noch nicht berücksichtigt.

Das Statistische Bundesamt ermittelt die Inflationsrate in Deutschland anhand der Preisentwicklung eines repräsentativen Warenkorbes, der viele verschiedene Güter und Dienstleistungen umfasst. Da nicht jeder Verbraucher im gleichen Umfang Waren kauft oder Dienste in Anspruch nimmt, wie sie in diesem Korb gewichtet sind, weicht die indivi-

Festgeld – was bleibt nach der Inflation?

Gezeigt wird der Durchschnitt der in jedem Monat zehn besten Festgeldangebote für ein Jahr, die deutsche Inflation für das vergangene Jahr und welche Festgeldrendite nach Inflation übrig bleibt.

Datum Fälligkeit Festgeld

Quelle: Refinitiv, eigene Erhebung Stand: 1. Januar 2023

duelle Inflationsrate jedes Menschen natürlich von der statistischen ab. Steigen beispielsweise Mieten in einem Jahr besonders, trifft dies Mieter mehr als Eigenheimbesitzer. Aber auch wenn die offizielle Inflationsrate nur ein Durchschnittswert ist, müssen Sie – vor allem im Hinblick auf Ihre Altersvorsorge – bei Geldanlagen die Inflation im Hinterkopf haben.

*Beispiel: Hätten Sie 1000 Euro zur Verfügung, könnten Sie sich bei einer angenommenen Inflation von jährlich 2 Prozent in 10 Jahren davon nur noch Güter leisten, die heute 820 Euro wert wären. In 35 Jahren wäre Ihr Geld nur noch die Hälfte – also 500 Euro – wert (**siehe Tabelle „Was ist Inflation?").***

Nach der Finanzkrise im Jahr 2008 haben die Notenbanken weltweit die Märkte mit Geld geflutet und das allgemeine Zinsniveau heruntergeschraubt. Dies führte zu einer Niedrigzinssituation, die es zuvor noch nicht gegeben hatte. Im Jahr 2011 kippte die Differenz zwischen der Rendite von Bundesanleihen mit zehn Jahren Restlaufzeit und der Inflationsrate, der sogenannte Realzins, erstmals ins Negative. Zwar stiegen ab 2022 die Zinsen wieder, die Inflationsraten waren jedoch höher. Sie müssen daher schon suchen und genau hinschauen, um ordentliche Zinsanlagen zu finden, deren Rendite möglichst nah an das Inflationsniveau oder darüber hinaus herankommt. Zinsanlagen sind aber gut planbar und weisen nur geringe Schwankungen auf. Deshalb gehören sie zu den Basisanlagen – für jeden Anleger.

Das Sparbuch – der Klassiker

Trotz Minizinsen ist das Sparbuch gemessen an seiner Verbreitung noch immer eine der beliebtesten Formen der Geldanlage der Deutschen.

35 Prozent der Bundesbürger besitzen ein Sparbuch oder Spareinlagen, 19 Prozent ein Tagesgeldkonto, so eine Erhebung des Verbands der Privaten Bausparkassen aus dem Jahr 2022. Für viele ist das Sparbuch sogar immer noch eine der Hauptsparanlagen.

Ein Sparbuch ist anders als das Girokonto nicht für den Zahlungsverkehr bestimmt. Es weist grundsätzlich eine Kündigungsfrist von mindestens drei Monaten auf. Kreditinstitute können ihren Kunden aber gestatten, bis zu einem Betrag von 2 000 Euro je Kalendermonat über ihr Sparguthaben zu verfügen. Hebt der Sparer höhere Beträge ab und hält er die Kündigungsfrist nicht ein, kann die Bank Vorschusszinsen berechnen. Diesen „Strafzins" darf sie allerdings nicht höher ansetzen als ein Viertel des zuletzt gezahlten Habenzinses – und das auch nur für die Dauer der nicht eingehaltenen Kündigungsfrist, also maximal für drei Monate.

Im Sparbuch werden alle Zins-Gutschriften, Ein- und Auszahlungen sowie der Kontostand vermerkt. Es ist ein „qualifiziertes Legitimationspapier" im Sinne des BGB. Im Klartext heißt das: Sie sollten gut darauf aufpassen. Denn die Bank darf an jeden, der es vorlegt, Geld auszahlen, auch wenn im Sparbuch Ihr Name vermerkt ist. Sie darf es nur dann nicht, wenn Beträge vor Ablauf der Kündigungsfrist abgehoben werden sollen oder wenn ein Sperrvermerk eingetragen ist. Ein Beispiel für einen solchen Sperrvermerk wäre, dass der Sparer noch unter 18 ist und das Geld erst ausbezahlt werden darf, wenn er volljährig ist. In diesen Fällen muss die Bank die Identität der Person prüfen, die das Sparbuch vorlegt.

SparCard und Online-Sparbuch statt echtem Buch

Seit einigen Jahren haben Banken und Sparkassen bei Neuabschlüssen die klassischen Sparbücher durch Online-Sparkonten mit oder ohne Sparkarten ersetzt. Mit Sparkarten können Sie wie mit ec- oder Maestro-Karten am Geldautomaten Geldbeträge abheben und Ihren Kontostand abrufen. Meist können Sie Ihr Geld auch auf ein anderes Sparkonto umschichten oder Wertpapiere kaufen. Es ist aber nicht möglich, Geld auf andere Konten als das festgelegte Referenzkonto zu überweisen.

Kaum verzinst, aber mitunter nützlich

Es ist ganz einfach, ein Sparbuch zu eröffnen: Nahezu jede Bank und Sparkasse hat sie im Angebot. Sie müssen lediglich Ihren Personalausweis vorlegen und mindestens einen Euro einzahlen, und schon sind Sie im Besitz eines Sparbuchs. Das kostet Sie ebenso wie die Kontoführung keinen Cent. Die einfache Handhabung und die Kostenfreiheit haben aber ihren Preis. Sparbuch-Sparer erhalten häufig fast keine Zinsen für ihr Erspartes. Nach Abzug der Inflation ist ein Sparbuch als Geldanlage daher ein sicherer Geldvernichter. Ein Tagesgeldkonto bietet in der Regel attraktivere Zinsen bei gleicher Sicherheit und besserer Verfügbarkeit.

Dennoch gibt es zwei Bereiche, in denen Sie das Sparbuch nutzen können: zur Anlage einer Mietkaution und um Ihre Kinder und Enkel an den Umgang mit Geld zu gewöhnen.

▶ **Für Kinder:** Mit einem Sparkonto können Kinder erste Erfahrungen mit dem Sparen, der Sparkarte und Banken machen. Minderjährige können ein Sparbuch selbst eröffnen und darauf ihr Taschengeld sparen. Wird ihr Vermögen aber größer, sollten auch sie zusammen mit ihren Eltern über andere Geldanlageformen nachdenken.

▶ **Für Mieter:** Auch für Mieter und Vermieter hat das Sparkonto noch Bedeutung. So hat der Vermieter gemäß Gesetz die ihm überlassene Mietkaution bei einem Kreditinstitut zu dem für Spareinlagen mit dreimonatiger Kündigungsfrist üblichen Zinssatz anzulegen. Mieter und Vermieter können aber auch eine andere Anlageform vereinbaren. Tun sie dies nicht, wird der Vermieter seiner Anlagepflicht mit der Eröffnung eines Mietkautions-Spar-

SPARBUCH

Geeignet für Kinder und Jugendliche. Sie können damit erstmalig den Umgang mit Banken und dem Thema Sparen lernen.

PRO

Die Eröffnung eines Sparbuchs ist einfach, es entstehen keine Eröffnungs- oder Verwaltungskosten. Die Anlage auf dem Sparbuch ist über die Einlagensicherung geschützt.

CONTRA

Banken und Sparkassen zahlen nahezu keine Zinsen auf Sparbücher. Kostenfrei können Sie nur bis 2 000 Euro pro Monat abheben oder müssen eine dreimonatige Kündigungsfrist einhalten.

kontos gerecht. Die (wenigen) Zinsen aus dieser Anlage stehen dem Mieter zu.

Tagesgeldkonten

Tagesgeldkonten sind flexibel wie ein Girokonto und meist besser verzinst als ein Sparbuch. Sie eignen sich insbesondere, wenn Sie Geld kurzfristig parken möchten, sowie für die Notfallreserve.

Ein Tagesgeldkonto hat keine festgelegte Laufzeit. Es wird als reines Guthabenkonto geführt und ist in der Regel nicht für den allgemeinen Zahlungsverkehr vorgesehen. Der Zinssatz ist nicht für einen bestimmten Zeitraum festgelegt, sondern variabel. Die Bank kann jederzeit entscheiden, dass sie ihn erhöht oder senkt. Dabei orientieren sich die Anbieter von Tagesgeldkonten zum Beispiel am Leitzins der Europäischen Zentralbank. Der variable Zins unterscheidet Tagesgeld insbesondere von Festgeld, bei dem der Zins für eine bestimmte Dauer festgeschrieben ist. Mitunter garantieren Banken aber Neukunden auch bei Tagesgeldkonten einen festen Zinssatz für eine gewisse Zeit oder kündigen im Voraus Zinsänderungen an. Die Gutschrift der Zinsen erfolgt je nach Bank monatlich, quartalsweise oder jährlich.

Durchgesetzt haben sich Tagesgeldkonten mit der Etablierung von Direktbanken im deutschen Bankenwesen. Diese Banken sind für Kunden nur per Internet oder Telefon erreichbar und haben im Gegensatz zu den Filialbanken keine Schalter vor Ort. Sie unterliegen aber den gleichen bankenaufsichtsrechtlichen Bestimmungen wie Filialbanken. Oft sind Direktbanken Tochtergesellschaften von Finanzkonzernen. Aber auch einige Autobanken, die sich früher auf die Finanzierung von Neu- und Gebrauchtwagen beschränkt haben, sind in den Markt eingestiegen und bieten Tages- und Festgelder an. Die Direktbanken haben oft eigene Bezeichnungen für ihre Tagesgeldangebote. Sie heißen unter anderem „Direkt"-, „Extra"-, „Geldmarkt"- oder „Abrufkonto". Direktbanken nutzen Tagesgeldkon-

---

Banken räumen Ihnen einen Überziehungsrahmen auf dem Girokonto ein, wenn Sie regelmäßige Geldeingänge haben. Derzeit verlangen sie dafür Dispozinsen zwischen rund 4 und 13 Prozent. Im Schnitt zahlen Verbraucher knapp 10 Prozent, also viel mehr, als Sie mit einer sicheren Geldanlage für den Überziehungsbetrag verdienen könnten. Aktuelle Informationen finden Sie unter test.de/Girokonten-Dispozinsen-4586765-0/

ten häufig als Lockmittel, um mit besseren Zinssätzen als Filialbanken Kunden zu werben. Da Direktbanken kein Filialnetz unterhalten müssen, sind ihre Verwaltungskosten geringer. Diesen Vorteil können sie in Form höherer Zinsen an ihre Kunden weitergeben.

Sie können über Ihr Guthaben auf einem Tagesgeldkonto täglich frei und unbegrenzt verfügen. Eine Ausnahme bilden Banken, die eine Mindestanlage für Tagesgeldkonten fordern. Meist können Sie das Geld auf dem Tagesgeldkonto nur auf ein von Ihnen festgelegtes Referenzkonto überweisen – in der Regel Ihr Girokonto. Überweisungen auf fremde Konten und Lastschriften sind also nicht möglich.

Bei einigen Direktbanken sind die Tagesgeldkonten mit einer Bankkarte ausgestattet, mit der Sie dann an Geldautomaten über das Guthaben verfügen können.

Nicht alle Banken bieten Tagesgeldkonten auch als Gemeinschaftskonten an, die für Ehepaare oder Lebensgemeinschaften interessant sind. Sie können dort aber natürlich zwei Einzelkonten eröffnen.

Tagesgeld für die Notfallreserve und als Parkposition

Ein Tagesgeldkonto eignet sich hervorragend für die Anlage Ihrer Notfallreserve. Weil Sie an das Guthaben jederzeit herankommen, können Sie teure Dispozinsen auf Ihrem Girokonto vermeiden. In Zeiten höherer Ausgaben buchen Sie einfach Geld vom Tagesgeld- auf das Girokonto um. Denn auch die beste Geldanlage bietet keine höhere Rendite, als Sie in Form

TAGESGELD

Geeignet für Anleger, die kurzfristig sicher Geld anlegen möchten. Tagesgeld ist eine vergleichsweise rentable Parkposition bis zur Wiederanlage. Hier sollten Sie Ihre Notfallreserve halten. Interessante Angebote finden sich nur bei Direktbanken.

PRO

Ihr Geld ist täglich verfügbar und Sie erhalten meist höhere Zinsen als auf einem Sparbuch. Die Anlage ist über die Einlagensicherung geschützt.

CONTRA

Die Bank kann den Zinssatz im Prinzip täglich ändern. Für die längerfristige Anlage (mit Ausnahme der Notfallreserve) sind Festgeldkonten besser geeignet.

von Dispozinsen bei einer Überziehung des Girokontos zahlen müssen.

Aber auch wenn Sie in der glücklichen Lage sind, dass Ihr Girokonto monatlich hohe Guthabenstände aufweist, sollten Sie ein Tagesgeldkonto nutzen. Denn Girokonten bieten in der Regel keine Verzinsung von Guthaben. Überweisen Sie dann lieber regelmäßig den Überhang Ihres Girokontos auf ein besser verzinstes Tagesgeldkonto. Dort können Sie das Geld parken, bis Sie eine bessere langfristigere Anlagemöglichkeit ausgemacht haben.

Dauerhaft gute Angebote ersparen häufige Kontowechsel

Einige Banken versuchen zunächst, ihren Marktanteil mit hohen Kampfzinsen beim Tagesgeld zu erhöhen, und fallen wieder ins Zins-Mittelmaß zurück, sobald sie ihr Ziel erreicht haben. Wenn Ihre Bank den Tagesgeld-Zins senkt, können Sie Ihr Konto jederzeit auflösen und das Guthaben zu einem anderen Anbieter übertragen. Wollen Sie sich aber häufiges Wechseln ersparen, sollten Sie für Ihr Tagesgeldkonto Banken ins Auge fassen, die mit einem konstant guten Zinsniveau aufwarten können.

▶ Finanztest bezeichnet Tagesgeldkonten als „dauerhaft gut", die in den letzten zwei Jahren regelmäßig unter den 20 besten des Dauerzinstestes rangierten. Welche aktuell dazugehören, können Sie in den monatlich erscheinenden Finanztest-Heften oder auf unserer Homepage unter **www.test.de/zinsen** nachlesen.

Festgeldkonten

Höhere Zinsen als beim Tagesgeld können Sie bei Festgeldkonten erwarten. Der Preis dafür ist allerdings eine geringere Flexibilität.

Wenn Sie für eine gewisse Zeit auf Ihr Geld verzichten können, bieten sich Festgelder an. Dort können Sie einen höheren Zinsertrag erzielen als mit Sparbüchern und Tagesgeldkonten.

Festgeld gehört zu den sogenannten Termingeldern oder Termineinlagen. Das sind zeitlich befristete Kontenanlagen mit einer Zinsgarantie. Beim Festgeldkonto vereinbaren Sie mit einer Bank eine feste Laufzeit für die Geldanlage. Die meisten Kreditinstitute bieten dafür standardisierte Zeiträume von 30, 60, 90, 180 Tagen oder auch ein bis zehn Jahre. Während der Laufzeit können Sie in der Regel nicht auf den angelegten Sparbetrag zugreifen. Wenn Festgeldanbieter eine vorzeitige Verfügung zulassen, „bestrafen" sie Anleger mit rückwirkend niedrigeren Zinsen oder Gebühren.

Der Mindestanlagebetrag für ein Festgeldkonto unterscheidet sich je nach Anbieter. Meist müssen Sie mindestens zwischen 500 und 5000 Euro mitbringen. Von früheren DM-Zeiten, in denen Banken Termineinlagen häufig erst ab 50000 Mark oder mehr anboten, sind wir heute damit weit entfernt. Festgelder sind jetzt auch für normale Privatanleger und nicht nur für besonders vermögende oder institutionelle Kunden interessant.

Üblicherweise gilt bei Festgeldanlagen: Je länger Sie Ihr Geld anlegen, umso höher ist der Zinssatz, den die Bank Ihnen zahlt. Anders als beim Tagesgeld steht beim Festgeld der Zinssatz für die gesamte vereinbarte Laufzeit fest. Auch wenn die Marktzinsen in der Zwischenzeit steigen, können Sie das Geld nicht in eine besser verzinste Anlage umschichten. Im derzeit steigenden Zinsniveau ist es daher nicht ratsam, sein Geld länger als drei Jahre in einem Festgeld zu binden. Überlegen Sie vor dem Abschluss einer Festgeldanlage auch immer, ob Sie genügend Geld haben, über das Sie kurzfristig verfügen können. Denn bei einem finanziellen Engpass können Sie während der Laufzeit nicht auf das Guthaben zugreifen, wenn die Bank nicht mitspielt.

Besser Online-Festgelder wählen

Adäquate Festgeldangebote, also solche, mit denen Sie nach Berücksichtigung der Inflation noch einen gewissen Ertrag erzielen, finden Sie heutzutage nur bei Direktbanken im Internet. Die Festgeldangebote der Filialbanken können mit ihren Onlinekonkurrenten in der Regel nicht mithalten. Die Eröffnung eines Festgeldkontos bei einer Direktbank erfolgt Siehe Checkliste „So eröffnen Sie ein Konto bei einer Direktbank", S. 83.
wie die eines Tagesgeldkontos (↗ Checkliste „So eröffnen Sie ein Konto bei einer Direktbank"). Ihre Identität müssen Sie je nach Anbieter mittels PostIdent-, WebIdent- oder VideoIdent-Verfahren belegen.

Aufpassen bei Laufzeitende und Zinszufluss

Bevor Sie sich für ein vermeintlich lukratives Festgeldangebot entscheiden, sollten Sie sich

FESTGELD

Geeignet für Sparer, die Geld mittelfristig sicher anlegen wollen. Festgelder sind Anlagen ohne Kurs- und Wertschwankungen.

PRO

Die Eröffnung und Verwaltung eines Festgeldkontos ist einfach und kostenfrei. Die Zinssätze liegen grundsätzlich über denen von Sparbüchern und Tagesgeldkonten. Die Anlage ist über die Einlagensicherung geschützt.

CONTRA

Während der Laufzeit können Sie in der Regel nicht über das Geld verfügen.

Gut zu wissen

Zinseinkünfte sind in dem Jahr zu versteuern, in dem sie zufließen. In der Regel werden Zinsen bei Festgeldern jährlich gezahlt und sind dann auch im Jahr der Zahlung zu versteuern, sofern die Sparer den Sparerpauschbetrag von 1 000 Euro beziehungsweise 2 000 Euro bei Ehepaaren überschreiten. Es gibt aber auch Festgeldangebote, bei denen die Zinszahlung „gesammelt" am Ende der Laufzeit erfolgt. Hier besteht die Gefahr, dass Sie im Jahr der Auszahlung Ihren Sparerpauschbetrag überschreiten. Alles, was darüber liegt, müssen Sie mit dem Abgeltungsteuersatz von 25 Prozent zuzüglich Solidarzuschlag und gegebenenfalls Kirchensteuer versteuern, während Sie in den Vorjahren hingegen unter Umständen Ihre Freibeträge verschenkt haben. Finanztest berücksichtigt bei seinen Zinsvergleichen nur mehrjährige Angebote mit steuerlich jährlich zufließenden Zinsen. Sie finden sie unter www.test.de/zinsen.

effektive Zins beziehungsweise die Rendite pro Jahr dann niedriger als angegeben. Finanztest hält diese Angebote für unseriös, weil sie dem Kunden eine höhere Ertragskraft vortäuschen, als die Anlage tatsächlich besitzt.

Beachten Sie auch, dass Sie bei manchen Festgeldanbietern rechtzeitig vor Laufzeitende kündigen sollten. Sonst legen diese das Geld nach dem Ende der Laufzeit automatisch wieder neu an – und zwar zu den dann gültigen und möglicherweise schlechteren Konditionen. Die Banken nennen das „Prolongation". Sie kommen dann wieder für längere Zeit nicht an Ihr Geld. Die meisten Banken behandeln fällig gewordene Termineinlagen aber wie Guthaben auf dem Girokonto, sodass Sie wieder frei darüber verfügen können. Dafür gibt es keine oder nur eine geringe Verzinsung, bis eine neue Vereinbarung getroffen wird. Manche Festgeldanbieter fragen bei ihren Kunden auch rechtzeitig an, wie sie mit dem fällig werdenden Geld verfahren sollen. Notieren Sie sich am besten sicherheitshalber immer das jeweilige Ende der Laufzeiten Ihrer Festgeldanlagen und teilen Sie der Bank rechtzeitig mit, was mit der Anlage bei Fälligkeit geschehen soll.

Zinsportale – Nicht nur auf den Zins schauen

Neben Direktbanken, die im Internet Festgelder anbieten, gibt es Internetplattformen, die Sparern gut verzinste Zinsangebote bei ausländischen Banken vermitteln, die sonst nicht für sie erreichbar wären. Dazu müssen die Kunden nur einmal ihre Identität nachwei-

unbedingt schlau machen, ob der Zinszufluss tatsächlich jährlich erfolgt. Es gibt einige Anbieter, die den ausgewiesenen Nominalzins ohne Zinseszins erst am Ende einer mehrjährigen Laufzeit zahlen. Bei dieser Anlage ist der sen und ein Verrechnungskonto bei der deutschen Partnerbank des Portals eröffnen.

Plattformen wie „Weltsparen", „Zinspilot" und „Check24" vermitteln überwiegend Zinsangebote ausländischer Banken. Früher waren dies überwiegend Angebote von Auslandsbanken in Ländern mit schwacher Wirtschaftsleistung wie Kroatien, Portugal oder Bulgarien. Mittlerweile umfasst das Angebot aber auch Bankangebote aus weiteren Ländern der EU oder des Europäischen Wirtschaftsraumes. Obwohl seit 2008 in allen EU-Staaten eine gesetzliche ↗ Einlagensicherung bis zur Höhe von 100 000 Euro besteht, sollten Anleger sich gut überlegen, ob sie im jeweiligen Land im Pleitefall der Bank mit einer zeitnahen Entschädigung rechnen könnten. Denn selbst wenn formal der Entschädigungsanspruch des deutschen Sparers besteht, muss die Einlagensicherung des jeweiligen Landes das auch stemmen können. Eine verbindliche gemeinsame europäische Einlagensicherung gibt es bisher nicht. Deutsche Bankenverbände bezweifeln, dass die Sicherungsfonds aller EU-Länder genug Geld aufbringen können, um Sparer rasch zu entschädigen. Können sie das nicht, bleibt Anlegern nur zu hoffen, dass die Regierung des jeweiligen Landes oder die Eu-

Gute und schlechte Geschäfte mit Zinsportalen

Von mehr als der Hälfte aller Anlage-Banken auf Zinsportalen rät Finanztest ab.

Anbieter	Check24	Deutsche Bank Zinsmarkt	IKB Zinsportal	Norisbank Zinsmarkt	Weltsparen	Zinspilot
Kostenloses Verrechnungskonto bei ...	Varengold Bank ▽	Deutsche Bank (Verrechnungskonto)	IKB (Cashkonto), Raisin Bank ▽	Norisbank (Tagesgeld)	Raisin Bank ▽	Sutor Bank
Anzahl von Banken für Privatkunden-Anlagen in Euro	11	8	4	4	98	48
Deutsche Banken	4	4	Keine	3	12	3
Ausländische Banken, die in die Zinsvergleiche von Finanztest aufgenommen wurden	1	3	2	1	27	12
Ausländische Banken, von denen Finanztest abrät	6	1	2	Keine	59	33

(Davon:)

▽ = Einlagensicherung ist auf 100 000 Euro pro Person begrenzt.

Stand: Februar 2023

ropäische Union einspringt. Sparer müssten zumindest mit einer Verzögerung bei der Entschädigung rechnen.

Mit der neuen EU-Richtlinie zur Harmonisierung der Einlagensicherungssysteme soll dieses Risiko vermindert werden. Danach müssen die Banken aller EU-Länder bis Ende 2023 einen Betrag in Höhe von 0,8 Prozent der geschützten Einlagen in ihre nationalen Sicherungsfonds einzahlen. Aber auch dann könnte immer noch der Crash einer Bank in kleinen Ländern wie Malta oder Lettland zu Problemen führen.

Mehr dazu siehe „Die europäische Einlagensicherung", S. 75 ff.

Die Zinsportale werben im Internet damit, dass ihre Angebote besonders bequem abgeschlossen und verwaltet werden können. Doch bei genauerem Hinsehen finden sich bei manchen Angeboten Haken, die Sparern das Leben schwermachen. Wenn Sie Zinsportale nutzen wollen, achten Sie auf diese Haken:

1 Bei vielen Auslandsbanken ohne deutsche Niederlassung wird auf Zinszahlungen eine Quellensteuer erhoben. In Ländern wie Irland oder Tschechien reicht eine Erklärung, um den Steuerabzug zu vermeiden. In Polen, Portugal und Bulgarien kann der Kunde mit einer Bescheinigung seines heimischen Finanzamtes die Quellensteuer reduzieren, aber nicht ganz vermeiden. Er kann sie über die Steuererklärung allenfalls mit anderen Zinseinkünften verrechnen lassen.

2 Einige Banken, die Zinsportale im Programm haben, zahlen keinen Zinseszins für mehrjähriges Festgeld. Das schmälert die Rendite. Legt ein Sparer zum Beispiel bei einer solchen Bank 10 000 Euro für fünf Jahre zu 2,5 Prozent an, bekommt er am Ende der Laufzeit nicht rund 1314 Euro Zinsen, sondern lediglich 1250 Euro. Die Rendite beträgt statt 2,5 Prozent nur 2,38 Prozent.

3 Bei einigen Angeboten wird der gesamte Zins für eine mehrjährige Anlage erst zum Laufzeitende in einer Summe ausgezahlt und steuerpflichtig. Sparer laufen damit viel schneller als bei jährlicher Versteuerung Gefahr, den Sparerpauschbetrag von 1000 Euro pro Jahr (Alleinstehende) oder von 2000 Euro (Paare) zu überschreiten. Sie müssen dann rund 26 Prozent Abgeltungsteuer und Solidaritätszuschlag an das Finanzamt abführen. Hätte der Sparer mit dem fünfjährigen Festgeld aus dem Beispiel (siehe Punkt 2) einen Freibetrag von 250 Euro pro Jahr zur Verfügung, würde er ihn vier Jahre lang nicht nutzen. Im fünften Jahr müsste er von den 1250 Euro Zinsen 1000 Euro versteuern. Seine Rendite nach Steuern fiele auf 1,9 Prozent.

Nicht nur auf die Zinsen schauen

Nicht jedes Angebot der Zinsportale ist empfehlenswert. Finanztest berücksichtigt in seinen Zinsvergleichen nur Angebote von Banken aus Ländern mit einer Topbewertung internationaler Ratingagenturen. Daher sind dort beispielsweise Zinsangebote von Banken aus Rumänien und Bulgarien nicht vertreten, obwohl diese oft vergleichsweise hohe Zinsen anbieten.

Kündigungsgelder

Neben den Festgeldern als Unterart der Termineinlagen gibt es vereinzelt noch sogenannte Kündigungsgelder, bei denen lediglich die Kündigungsfrist vereinbart wird. Bis zur Kündigung wird die Einlage variabel verzinst. Nach der Kündigung wird der Anlagebetrag bis zum Ablauf der Kündigungsfrist je nach Bank und Vertrag fest mit dem bei Kündigung geltenden Zinssatz verzinst oder es bleibt bei der variablen Verzinsung.

Kombiprodukte aus Tages- und Festgeldkonto

Neben reinen Tagesgeld- und Festgeldkonten gibt es einige Kombiprodukte. Diese fordern meist eine Mindestanlage zwischen 500 und 5000 Euro. Der Tagesgeldanteil, der 20 oder 50 Prozent beträgt, ist frei verfügbar, trotzdem ist der Zins – anders als bei einem normalen Tagesgeld – garantiert. Die Zinshöhe hängt von der Laufzeit des nicht verfügbaren Festgeldanteils ab. Mit solchen Angeboten haben Anleger die Option, mit dem frei verfügbaren Teil ihres Geldes auf Marktzinserhöhungen zu reagieren und dieses gegebenenfalls umzuschichten.

Sparbriefe

Sparbriefe sind nicht börsengehandelte Wertpapiere, die Banken und Sparkassen herausgeben. Sie sind eine Alternative zu Festgeldern.

Wer höhere Beträge über einen längeren Zeitraum sicher zu einem festen Zinssatz anlegen möchte, hat mit Sparbriefen eine gute Alternative zum Festgeld. Die beiden Anlageformen unterscheiden sich nur wenig. Zwar nehmen Sparbriefe, anders als Festgelder, rein rechtlich eine Zwischenstellung zwischen einer klassischen Kontenanlage und einem festverzinslichen Wertpapier ein. Sie werden aber nicht an der Börse gehandelt, sondern können wie Festgelder täglich direkt von der Bank gekauft werden. Die Laufzeiten der Sparbriefe liegen üblicherweise zwischen einem und zehn Jahren. Sie müssen Sparbriefe am Laufzeitende nicht kündigen. Das Kapital wird dann automatisch fällig und auf das Konto ausbezahlt, das Sie beim Abschluss angeben. Der Erwerb, die Verwahrung und die Einlösung von Sparbriefen sind kostenfrei.

SPARBRIEFE

Geeignet für Sparer, die einen größeren Betrag mittelfristig sicher anlegen wollen. Sparbriefe sind Anlagen ohne Kurs- und Wertschwankungen.

PRO

Der Erwerb und die Verwaltung eines Sparbriefs sind einfach und kostenfrei. Die Zinssätze liegen grundsätzlich über denen von Sparbüchern und Tagesgeldkonten. Die Anlage ist über die Einlagensicherung geschützt.

CONTRA

Während der Laufzeit können Sie in der Regel nicht über das Geld verfügen.

Banken bieten mitunter Sparbriefe mit einer Nachrangabrede an. Solche Sparbriefe bieten zwar leicht höhere Zinsen als „normale" Sparbriefe, unterliegen aber nicht der gesetzlichen Einlagensicherung. Im Falle eines Zahlungsausfalles der Bank werden zuerst andere Gläubiger bedient. Hier müssen Sie auf das Kleingedruckte achten.

Lassen Sie sich nicht verwirren

Manche Banken nennen ihre Festgelder auch Sparbriefe. Sparbriefe hingegen bezeichnen manche Anbieter als Inhaberschuldverschreibungen. Fragen Sie stets genau nach, was sich hinter der angebotenen Anlage verbirgt.

Es gibt drei verschiedene Varianten von Sparbriefen:

1. Sparbriefe mit jährlicher Zinszahlung schütten die Zinsen meist nach Ablauf eines Laufzeitjahres an den Kunden aus. Selten sind Angebote, bei denen die Zinsen zu diesem Termin dem Kapital zugeschlagen und wiederangelegt werden.

2. Aufgezinste Sparbriefe werden zum Nennwert herausgegeben, sammeln die Zinsen über mehrere Jahre an und zahlen sie am Ende der Laufzeit zusammen mit dem angelegten Kapital zurück. Legen Sie beispielsweise 5 000 Euro zu 1,7 Prozent an, erhalten Sie nach fünf Jahren rund 5 440 Euro zurück.

3. Abgezinste Sparbriefe funktionieren wie die aufgezinste Variante, nur quasi umgekehrt. Zins und Zinseszins werden beim Kauf vom Nennwert abgezogen, und bei Fälligkeit erhalten Sie den vollen Nennwert zurück. Bei gleicher Laufzeit und Verzinsung wie im vorigen Beispiel müssen Sie etwa 4 595 Euro anlegen, um am Ende 5 000 Euro zurückgezahlt zu bekommen.

Ihre Rendite ergibt sich bei den auf- und abgezinsten Sparbriefen aus der Differenz zwischen Kaufpreis und Einlösungsbetrag zum Laufzeitende. Da die Zinsen in einer Summe gezahlt werden, sind sie dann auch steuerpflichtig. Vor allem wer noch andere Kapitaleinkünfte hat, überschreitet damit schnell den Sparerpauschbetrag von 1 000 Euro (Single) beziehungsweise 2 000 Euro (Verheiratete), während er ihn in anderen Jahren vielleicht nicht komplett ausschöpft. In solchen Fällen eignen sich oft jährlich auszahlende Sparformen besser.

Banksparpläne

Wenn Sie ohne Kursrisiken regelmäßig etwas zur Seite legen wollen, lässt sich auch im aktuellen Zinsniveau mit einem Banksparplan eine ganz ordentliche Summe ansparen.

Eines vorweg: Mit einem Banksparplan kann man keine hohen Renditen erzielen, dafür sind die möglichen Zinserträge zu gering. Wenn Sie aber ohne Risiko monatlich etwas zur Seite legen wollen, ist ein Banksparplan wesentlich besser geeignet als ein Sparschwein oder Sparstrumpf.

Ein Banksparplan ist eigentlich ein simples Finanzprodukt. Sie zahlen regelmäßig einen konstanten Betrag auf ein Konto und erhalten dafür Zinsen. Doch der Teufel steckt im Detail. Die Sparpläne der Banken unterscheiden sich in der Ausgestaltung stark. Sie sollten sich daher vor dem Abschluss mit den Zins-, Bonus- und Ausstiegsbedingungen befassen.

Welche Variante wählen?

Die erste Frage, die Sie sich stellen sollten, lautet: Wie lange soll der Sparplan laufen? Denn bei manchen Verträgen ist ein vorzeitiger Ausstieg nicht möglich oder führt zu erheblichen Ertragsverlusten. Eine falsche Entscheidung kann Sie dann teuer zu stehen kommen. Zwar geht fast jeder davon aus, dass er regelmäßig einzahlt und bis zum Ende dabeibleibt. Anderenfalls würde er sich ja kaum für diese Sparlösung entscheiden. Doch Schicksalsschläge, neue Lebensplanungen oder finanzielle Engpässe lassen sich nun einmal nicht planen.

Danach müssen Sie sich überlegen, ob Sie einen Sparplan mit festem oder variablem Zins abschließen wollen. Entscheiden Sie sich für ein Angebot, bei dem die Zinshöhe für die gesamte Laufzeit feststeht, können Sie zwar genau berechnen, welche Summe Sie am Ende erhalten werden. Damit ist dann aber auch klar, dass Sie von eventuellen Erhöhungen des allgemeinen Marktzinses in den kommenden

Jahren nicht profitieren können. Gerade bei Laufzeiten von deutlich über zehn Jahren sollten Sie diese Unsicherheit nicht vom Tisch wischen. Nur zur Erinnerung: Bis 2011 lag die Umlaufrendite, eine gängige Messlatte für die durchschnittliche Verzinsung von Bundeswertpapieren, meist weit über 3 Prozent. Zwischen 2019 und Anfang 2022 war sie hingegen sogar negativ. Seit Februar steigt die Umlaufrendite wieder. Solange aber die Zinsen steigen, riskieren Sie mit einer Anlage, sich auf einen „zu geringen" Zins festzulegen.

Es gibt die folgenden Sparplan-Varianten:

▶ **Sparpläne mit fester Laufzeit**
Angeboten werden je nach Anbieter Sparplan-Laufzeiten zwischen 3 und 25 Jahren. Die monatliche Mindestsparrate liegt meist bei 25 oder 50 Euro. Wollen Sie doch vor Ablauf der vereinbarten Laufzeit aus dem Sparplan aussteigen, sind Sie meist auf den guten Willen der Bank angewiesen. In der Regel müssen Sie dann hohe Einbußen in Kauf nehmen. So wird teilweise der Zins rückwirkend auf einen geringeren Zinssatz zurückgesetzt oder es entfällt der Schlussbonus. Unterbrechen Sie die Ratenzahlung, wird das teilweise mit geringeren Zinsen auf die zukünftigen Raten sanktioniert. Wir empfehlen Ihnen diese Sparpläne daher nur, wenn Sie keine Zweifel daran haben, dass Sie bis zum Ende durchhalten.

▶ **Sparpläne mit Kündigungsrecht bei festem Zins oder einer Zinstreppe**
Bei diesen Angeboten stehen die Erträge fest, den Ausstiegszeitpunkt können Sie bestimmen. Dafür müssen Sie üblicherweise eine Kündigungsfrist von drei Monaten einhalten. Meist gibt es eine Mindestlaufzeitzeit, und die maximale Laufzeit beträgt zwischen fünf und zehn Jahren.

BANKSPARPLÄNE

Geeignet für Anleger, die regelmäßig sicher sparen wollen. Wer nicht weiß, wie lange er sparen will, wählt ein Angebot mit vorzeitiger Kündigungsmöglichkeit.

PRO

Es handelt sich um eine sichere Anlage, die zum längerfristigen, regelmäßigen Sparen erzieht.

CONTRA

Die angebotenen Zinsen sind derzeit nach Abzug von Inflation und Steuern sehr gering. Wenn Sie mehr als zehn Jahre sparen möchten, sind Fondssparpläne eine gute Alternative. Sie haben höhere Risiken, aber auch höhere Ertragschancen.

Das wird aus monatlich 150 Euro

Wenn Sie monatlich 150 Euro sparen, kann daraus je nach Zinssatz und Spardauer einiges werden. Dafür sorgt der Zinseszinseffekt.

Einzahlungs-dauer in Jahren	Gesamtertrag bei 0,7 Prozent Zinsen p.a.	Gesamtertrag bei 1,0 Prozent Zinsen p.a.	Gesamtertrag bei 2,0 Prozent Zinsen p.a.
5	9 161 €	9 232 €	9 469 €
7	12 917 €	13 055 €	13 527 €
10	18 648 €	18 944 €	19 923 €
18	34 532 €	35 498 €	38 960 €

▸ **Sparpläne mit variablen Zinsen und Kündigungsrecht**

Die überwiegende Zahl dieser Sparpläne ist an einen Referenzzins gebunden. Die Bank überprüft meist zwei- bis viermal im Jahr die Zinshöhe und passt sie der Marktlage an. Wie hoch die Rendite über die gesamte Sparplandauer ausfällt, hängt damit insbesondere von der Entwicklung des Referenzzinses ab. Als Referenzzins ziehen manche Banken statt des bekannten EZB-Leitzinses oder der Umlaufrendite auch weniger bekannte Zinsreihen oder kompliziert zu berechnende Mischformeln heran. Daneben zahlen viele dieser Banken Bonuszinsen, die mit der Laufzeit oder mit dem Guthaben ansteigen. Aber Achtung: Die steigenden hohen Bonuszinssätze beziehen sich meist nur auf die Sparleistung oder die Zinsen des jeweiligen Sparjahres und nicht auf das durch laufende Einzahlungen jährlich wachsende Kapital.

Beispiel: Sie zahlen monatlich 25 Euro und erhalten darauf 1 Prozent Zinsen. Zum Ende des 15. Jahres ist ein Bonuszins von 25 Prozent versprochen. Nach 15 Jahren beträgt Ihr angespartes Kapital rund 4 855 Euro. Sie erhalten aber nicht 1 213,75 Euro Bonus (25 Prozent von 4 855 Euro), sondern lediglich 75 Euro (12 x 25 Euro Jahressparrate x 25 Prozent).

Rechnen Sie nach

Sie sehen, so einfach ein Banksparplan in seiner Grundform ist, so schwierig kann es sein, den passenden zu finden. Unter www.test.de/sparplanrechner finden Sie im Internet einen Rechner, mit dem Sie die Rendite für die meisten Sparpläne mit Zinstreppe oder Bonusstaffel berechnen können.

Für Kinder interessant

Besonders interessant sind Banksparpläne für Eltern oder Großeltern, die ihren Kindern oder Enkeln eine Starthilfe ins Erwachsenenleben mitgeben wollen. Läuft der Sparplan auf den Namen des Kindes, fallen in der Regel nicht einmal Steuern auf die Zinserträge an, wenn diese unter dem Freibetrag von 1000 Euro bleiben. Hat Ihr Kind höhere Kapitaleinkünfte als 1000 Euro, aber liegen seine gesamten Einkünfte (zum Beispiel aus Vermietung und Verpachtung) unter dem Grundfreibetrag von 10 908 Euro, lohnt es sich, beim Finanzamt eine Nichtveranlagungsbescheinigung zu beantragen. Dann können Sie sich den Aufwand der jährlichen Steuererklärung für das Kind sparen. Wird das Kind volljährig, kann es dann aber auch allein über das Guthaben verfügen. Nehmen die Eltern ihrem Kind das Guthaben vor seiner Volljährigkeit wieder weg, weil sie nur seinen Freibetrag ausnutzen, das Guthaben und die Zinsen aber selbst einkassieren, ist dies Steuerhinterziehung. Außerdem könnte das Finanzamt von zwei schenkungssteuerpflichtigen Vorgängen ausgehen: der ursprünglichen Schenkung an das Kind und der Rückschenkung vom Kind an die Eltern.

Besser als eine Ausbildungsversicherung

Wer Geld für die Ausbildung eines Kindes zurücklegen möchte, ist mit einem Banksparplan besser bedient als mit einer Ausbildungsversicherung. Denn die Versicherungslösung umfasst auch eine Lebensversicherung des Einzahlers und ist damit mit erheblichen Abschluss- und Vertriebskosten verbunden, die den Ertrag schmälern. Bei einer Ausbildungsversicherung ist ein vorzeitiger Ausstieg zudem oft ein Minusgeschäft.

Generell sollten Sie Versichern und Ansparen besser stets trennen. Versichern können Eltern ihre Kinder für den Fall ihres Todes deutlich günstiger und besser mit einer Risiko-Lebensversicherung als mit einer Ausbildungsversicherung. Und das Sparen über einen Banksparplan ist anders als die Ausbildungsversicherung nicht mit Nebenkosten verbunden. Zudem können Sie ein Angebot wählen, das Ihnen einen vorzeitigen Ausstieg oder die Änderung der Rate erlaubt. Bessere Ertragschancen als Banksparpläne haben allerdings langfristig Aktienfondssparpläne.

> **Das Sparen über einen Banksparplan ist anders als die Ausbildungsversicherung nicht mit Nebenkosten verbunden.**

Die europäische Einlagensicherung

Spätestens seit der Finanzkrise ist Sparern bewusst geworden, wie wichtig es ist, dass ihr Geld bei einer Bankpleite sicher ist. Niemand will sein Erspartes verlieren, nur weil die Bank sich verspekuliert hat.

In Deutschland und anderen Ländern der Europäischen Union sind Einlagen, also Tages-, Festgeld- und Girokonten sowie Sparguthaben und Sparbriefe bis zu 100 000 Euro pro Kunde und Bank gesetzlich geschützt. Bei Gemeinschaftskonten verdoppelt sich der Schutz auf 200 000 Euro. Eigenständige Töchter von Banken gelten dabei als eigene Banken. Handelt es sich aber um Niederlassungen, gilt für sie keine Extrasicherung. Bei Banken aus anderen EU-Ländern, die deutschen Sparern Zinsangebote machen, muss im Pleitefall die nationale Einlagensicherung des jeweiligen Heimatlandes einspringen.

Verbesserte Einlagensicherung seit Mitte 2015

Mit dem Gesetz zur Umsetzung der neuen Einlagensicherungsrichtlinie, das am 3. Juli 2015 in Kraft getreten ist, wurde der gesetzliche Schutz für Erspartes noch erweitert, und bürokratische Hürden im Falle einer Bankenpleite wurden entschärft. So kann sich der Einlagenschutz sogar für bis zu sechs Monate auf 500 000 Euro erhöhen, wenn besondere Lebensumstände zu einem hohen Kontostand geführt haben. Als besondere Fälle, die einen

erhöhten Kontostand rechtfertigen, gelten Heirat, Scheidung, Renteneintritt, Ruhestand, Kündigung, Entlassung, Geburt eines Kindes, Krankheit, Pflegebedürftigkeit, Invalidität, Behinderung, Tod und der Verkauf einer privat genutzten Immobilie.

Überdies müssen Anleger, die Geld bei deutschen Zweigstellen von Banken mit Sitz in der EU haben, sich im Pleitefall ihrer Bank um nichts mehr kümmern. Sie werden von der deutschen Einlagensicherung bis zur Höhe von 100 000 Euro inklusive Zinsen entschädigt. Die Einlagensicherung des Herkunftslandes muss das Geld an das deutsche Sicherungssystem überweisen. Aufwendige Entschädigungsanträge, die häufig in einer Fremdsprache gestellt werden mussten, Identitätsbestätigungen und Nachweise über die Höhe des Guthabens entfallen. Diese Kundendaten übermittelt die betroffene Bank künftig an die Einlagensicherung in Deutschland. Seit Juni 2016 erhalten Sparer ihr Geld binnen sieben Werktagen zurück. Vorher durfte das noch 20 Werktage dauern.

Anders ist das bei Banken, die keine Niederlassung in Deutschland haben, wie zum Beispiel bei der Crédit Agricole Consumer Finance aus Frankreich, der Yapi Kredi Bank aus den Niederlanden oder der Advanzia Bank aus Luxemburg. Bei diesen Instituten hätten Anleger im Fall einer Insolvenz weiterhin direkten Kontakt mit der jeweiligen nationalen Einlagensicherung.

Gut zu wissen

Was ändert der Brexit?

Auch wenn die Briten am 31. Januar 2020 aus der Europäischen Union ausgetreten sind, müssen sich Sparer mit Tagesgeld- und Festgeldkonten in Großbritannien keine Sorgen um ihre Einlagen machen. Geht eine britische Bank pleite, ersetzt die staatliche britische Einlagensicherung FSCS jedem Kunden weiterhin sein Geld. Beachten Sie aber, dass die FSCS nur maximal 85 000 britische Pfund absichert. Die Entschädigungshöhe in Euro hängt damit vom Umrechnungskurs Pfund/Euro ab. Bei einem Umrechnungskurs Pfund/Euro von derzeit beispielsweise 1,14 würden Sie maximal ungefähr 97 000 Euro erhalten. Einige britische Banken haben Töchter in EU-Länder verlagert. Es gilt dann die jeweilige nationale Einlagensicherung.

Anfang 2021 wurde in Schweden die maximale Entschädigungssumme pro Person um 100 000 auf jetzt 1,05 Millionen Schwedische Kronen erhöht. Der Gegenwert betrug Anfang Februar 2023 rund 93 000 Euro. Trotzdem sollten Sparer wegen des weiter bestehenden Wechselkursrisikos bei schwedischen Banken nicht mehr als 90 000 Euro anlegen.

Auch bei den Banken, bei denen sich die deutsche Einlagensicherung um die Abwicklung mit der ausländischen Einlagensicherung kümmert, springt sie aber nicht ein, wenn die ausländische Sicherung die Entschädigungssumme nicht überweist. In diesem Fall müssten Sparer hoffen, dass der jeweilige Staat der Pleitebank mit Unterstützungskrediten hilft oder die EU und damit letztlich die Steuerzahler die fehlenden Mittel im Sicherungsfonds des Landes ausgleichen. Wie lange Sie dann auf Ihr Geld warten müssten, ist ungewiss. Mit einer gemeinsamen EU-Einlagensicherung ist wohl vor 2024 nicht zu rechnen – wenn es überhaupt dazu kommt.

Wir empfehlen Ihnen daher, Ihr Geld nur bei Banken anzulegen, die aus EU-Ländern mit einer guten Wirtschaftskraft kommen. Hier besteht eine größere Sicherheit, dass der jeweilige Staat im Pleitefall einspringen kann. Finanztest nimmt in seine Zinsvergleiche auch nur Institute auf, hinter denen eine vertrauenswürdige Einlagensicherung steht. Einen Hinweis auf die Finanz- und Wirtschaftsstärke eines Landes geben die Bonitätsnoten, die die führenden Ratingagenturen für diese Länder vergeben. Welche Länder aus Sicht von

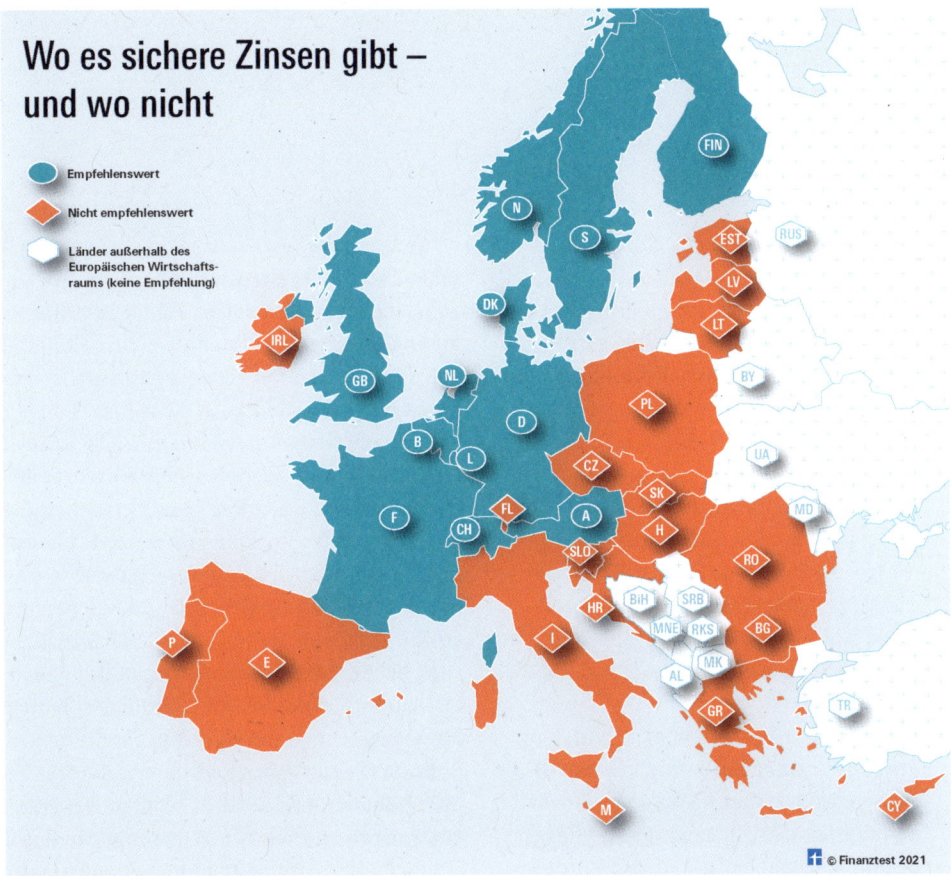

Wo es sichere Zinsen gibt – und wo nicht

- **Empfehlenswert**
- **Nicht empfehlenswert**
- **Länder außerhalb des Europäischen Wirtschaftsraums (keine Empfehlung)**

© Finanztest 2021

Finanztest sicher sind, sehen Sie in der ↗ Grafik „Wo es sichere Zinsen gibt".

Von den Angeboten folgender Banken aus dem EU-Ausland beziehungsweise aus dem Europäischen Wirtschaftsraum (EWR) raten wir derzeit (Stand 02/2023) ab:

- **Bulgarien:** Bulgarian-American Credit Bank, Fibank, International Asset Bank, Investbank, TBI Bank
- **Estland:** Bigbank, Coop Bank, Holm Bank, Inbank, LHV
- **Griechenland:** Aegean Baltic Bank (AB-Bank), Attica Bank, Piraeus Bank, Praxia Bank

- **Irland:** AIB Allied Irish Banks
- **Italien:** Banca di Cividale (CiviBank), BancaCF+, Banca Finint, Banca Ifis, Banca Popolare di Cortona (bpc), Banca Popolare Sant'Angelo, Banca Privata Leasing (BPL Banca), Banca Progetto, Banca Promos, Banca Sistema, Banca UBAE, BFF Bank (Banca Farmafactoring), bpf Bank, Cherry Bank, Credito Lombardo Veneto, FCA Bank, IBL Banca, ‚illimity Bank, Imprebanca, Investitionsbank Trentino-Südtirol, Istituto per il Credito Sportivo, Smart Bank, Solution Bank, Südtiroler Sparkasse, ViViBanca

▸ **Kroatien:** Agram Banka, Banka Kovanica, KentBank, Podravska Banka

▸ **Lettland:** AS Expobank, AS Privatbank, Baltic International Bank, BluOr Bank (Blue Orange), CBL Bank, Regional Investment Bank (RIB), Rietumu Banka, Signet Bank

▸ **Litauen:** EM Bank, Fjord Bank, Finora Bank, mano.bank, Medicinos Bancas, Payray, Siauliu Bankas, SME Bank

▸ **Malta:** Agri Bank, APS Bank, BNF Bank, Credorax Bank, FCM Bank, Fimbank, IIG Bank, Izola Bank, MeDirect Bank, Merkanti Bank, Multitude Bank (ex Ferratum Bank), Novum Bank

▸ **Polen:** Alior Bank, Boś Bank, Getin Bank

▸ **Portugal:** Banco BAI Europa, Banco BNI Europa, Banco Finantia, Banco de Investimento Global (BiG), Banco Português de Gestão, Haitong Bank, itaú BBA Europe, Novo Banco

▸ **Rumänien:** Alpha Bank Romania, BRCI (Banca Română de Credite şi Investiţii), First Bank

▸ **Slowakei:** 365.bank (ex Poštová banka), Privatbanka

▸ **Spanien:** Bancó Finantia España, Openbank, Suresse Direkt Bank

▸ **Tschechien:** Expobank, J&T Banka

▸ **Zypern:** RCB Bank

Zusätzliche Sicherungen in Deutschland

Die Einlagensicherung innerhalb der Europäischen Union hat mit dem Schutz von 100 000 Euro pro Person und Bank ein hohes Niveau.

Dieses wird aber von den Sicherungssystemen deutscher Banken noch übertroffen. Auf die zusätzlichen Sicherungen haben Sparer aber anders als gegenüber der gesetzlichen Einlagensicherung keinen Rechtsanspruch.

Viele private Geldhäuser (Großbanken, Privatbanken) sind Mitglied im freiwilligen Einlagensicherungsfonds des Bundesverbands deutscher Banken. Dieser Fonds garantiert für Sparer Einlagen in Höhe von derzeit mindestens 750 000 Euro, häufig deutlich mehr. Wie hoch die Sicherung genau ist, hängt von der Größe der Bank ab. Seit dem 1. Januar 2020 sind pro Anleger 15 Prozent des „haftenden Eigenkapitals" einer Bank geschützt. Ab Januar 2023 wird jedoch die Haftungsobergrenze in mehreren Schritten gesenkt, zunächst auf 5 Millionen Euro, ab 2025 auf 3 Millionen und ab 2030 auf eine Million Euro pro Person.

Doch diese Absenkung muss Sparern keine Angst machen. Für sie zählt nur, dass Einlagen komplett geschützt sind. Dazu reicht eine Einlagensicherung in realistischer Höhe aus. Die Senkung der Sicherungsgrenzen zielt vor allem auf institutionelle Anleger. Sie soll unter anderem verhindern, dass das im internationalen Vergleich sehr solide deutsche Sicherungssystem übers Wochenende als Geldparkplatz von Großinvestoren missbraucht wird.

Wie sicher ist meine Bank?

Unter www.einlagensicherung.de können Sie eine Abfrage starten, ob Ihre Bank Mitglied des Einlagensicherungsfonds des Bundesverbands deutscher

Banken ist, und sich über die maximale Einlagensicherungshöhe informieren.

Öffentliche Banken, zu denen unter anderem die Deutsche Kreditbank (DKB), eine Tochter der Bayerischen Landesbank, gehört, sind im Bundesverband Öffentlicher Banken (VÖB) organisiert und unterhalten eine eigene Einlagensicherung in unbegrenzter Höhe. Über die Höhe des Einlagensicherungsfonds des VÖB macht der Bundesverband aber keine Angaben.

Bei den Sparkassen, Landesbanken und -bausparkassen sowie den Genossenschaftsbanken (Volks- und Raiffeisenbanken, Bausparkasse Schwäbisch-Hall, Sparda- und PSD-Banken) ist das jeweilige Absicherungssystem so konzipiert, dass die einzelnen Mitglieder einem in finanzielle Schwierigkeiten geratenen Institut zu Hilfe eilen, bevor es zahlungsunfähig wird. Diese Solidargemeinschaft sichert im Gegensatz zum Sicherungsfonds der privaten Banken auch die von diesen Instituten ausgegebenen Schuldverschreibungen ab. Diese haben zwar meist eine Wertpapierkennnummer (WKN), sind aber nicht börsengehandelt. Börsengehandelte Inhaberschuldverschreibungen und Zertifikate anderer Emittenten, wie seinerzeit die Zertifikate der Lehman-Bank, sind auch hier nicht gesichert. Bis heute musste kein Institut aus diesem Sektor Insolvenz anmelden.

Einlagensicherung bei Fremdwährungskonten

Spätestens seit dem Beginn der Eurokrise haben Anleger verstärkt nach Anlagen in US-Dollar, norwegischen Kronen oder Schweizer Franken Ausschau gehalten. Beliebt sind dabei außer Anleihen vor allem Fremdwährungskonten. Sie funktionieren oft ähnlich wie Tagesgeld. Seit dem 3. Juli 2015 unterliegen auch Fremdwährungskonten, gleich in welcher Währung sie geführt werden, der gesetzlichen Einlagensicherung von 100 000 Euro je Kunde. Bisher fielen nur Konten, die auf eine Währung der EU lauteten, unter den gesetzlichen Schutz. Gehört die Bank zusätzlich einer freiwilligen Einlagensicherung an, bezieht sie sich auch auf Fremdwährungskonten.

Im Unterschied zu Tagesgeld zahlen Kreditinstitute für Konten in ausländischer Währung nicht immer Zinsen. Ohnehin steht bei solchen Anlagen die Spekulation oder die Streuung von Währungen im Vordergrund. Höhere Zinserträge können von Wechselkursschwankungen schnell wieder aufgefressen werden – und gegen Wechselkursverluste bietet die Einlagensicherung keinen Schutz.

Sparangebote der Wohnungs-genossenschaften

Wohnungsgenossenschaften zahlen oft bessere Zinsen als Banken und Sparkassen. Zwar können hier nur Mitglieder sparen, aber der Beitritt lohnt sich mitunter nicht nur für Wohnungssuchende.

SPAREINLAGEN BEI WOHNUNGS-GENOSSEN-SCHAFTEN

Geeignet für vorsichtige Anleger, die ihr Geld langfristig sicher anlegen wollen.

PRO

Die Rendite der Angebote liegt oft über der vergleichbarer Festgelder und Banksparpläne von Banken und Sparkassen.

CONTRA

Es gibt nur wenige und oft regional begrenzte Angebote. Die Wohnungsgenossenschaften gehören nicht der gesetzlichen Einlagensicherung an, sondern haben ein eigenes Sicherungssystem.

Eine Wohnungsgenossenschaft – auch Baugenossenschaft, Bauverein oder Wohnungsbaugenossenschaft – ist ein Zusammenschluss von Personen mit dem Ziel, seine Mitglieder mit preisgünstigem Wohnraum zu versorgen. In Deutschland gibt es über 1 800 Wohnungsgenossenschaften mit über 3 Millionen Mitgliedern und über 2 Millionen Wohnungen. Der Wohnraum, den sie zur Verfügung stellen, ist stärker sozial und ökologisch geprägt als im übrigen Wohnungsmarkt. Einige Wohnungsgenossenschaften bieten ihren Mitgliedern und deren Angehörigen auch Zinsanlagen mit teilweise attraktiven Zinssätzen an.

Begrenztes Angebot

Wenn Sie in der Nähe einer Wohnungsgenossenschaft mit Spareinrichtung wohnen, können Sie Mitglied werden und dort Geld anlegen – zumindest theoretisch. Denn da der alleinige Geschäftszweck einer Genossenschaft darin besteht, ihren Mitgliedern bezahlbaren Wohnraum zu stellen, bestimmt insbesondere die Investitionsplanung der Genossenschaft, ob zusätzliche Spargelder benötigt werden. Die meisten Genossenschaften stehen auch nur Sparern aus deren regionalen Einzugsgebieten offen.

Bei einer Wohnungsgenossenschaft sparen

Prüfen Sie die Rahmenbedingungen, bevor Sie bei einer Wohnungsgenossenschaft anlegen.

☐ **Sparangebote.** Fragen Sie nach, welche Sparmöglichkeiten Ihre regionale Wohnungsgenossenschaft bietet, und erkundigen Sie sich nach den aktuellen Zinskonditionen und den Nebenbedingungen. Informieren Sie sich vor Ort oder im Geschäftsbericht über den Immobilienbestand. Ein geringer Leerstand ist zum Beispiel ein gutes Zeichen. Der Geschäftsbericht enthält auch Informationen zu Ertragslage und Risiken.

☐ **Mitgliedschaft.** Informieren Sie sich über Beitrittsbedingungen und Pflichten. Genauere Informationen enthält der Geschäftsbericht.

☐ **Nachschusspflicht für Genossenschaftsanteile.** Bei manchen Genossenschaften, zum Beispiel beim Altonaer Spar- und Bauverein, beim Frankfurter Volks- Bau- und Sparverein und bei der Gewoba Nord können Mitglieder im Pleitefall zu Nachzahlungen für die Genossenschaftsanteile (nicht für Spareinlagen) verpflichtet werden. Dieser Fall ist unwahrscheinlich. Wer aber Bedenken hat, sollte sich danach erkundigen.

Wenn Sie die Sparangebote der Wohnungsgenossenschaften nutzen möchten, müssen Sie „Pflichtanteile" daran erwerben. Einige Genossenschaften verlangen zusätzlich eine Aufnahmegebühr, bevor Sie dort Geld anlegen können. Nur das Geld für die Pflichtanteile gibt es bei einem Austritt wieder zurück. Die Kündigungsfristen für die Anteile zum Geschäftsjahresende betragen je nach Genossenschaft zwischen drei Monaten und zwei Jahren. Ein nettes Zubrot für Anleger ist es, wenn die Genossenschaft zusätzlich eine jährliche Dividende zahlt. Dies hängt allerdings vom geschäftlichen Erfolg der Genossenschaft ab und kann daher auch ausfallen.

Wie steht es mit der Sicherheit?

Spareinlagen bei Wohnungsgenossenschaften unterliegen nicht der gesetzlichen europäischen Einlagensicherung. Doch der Immobilienbestand der Genossenschaft sorgt für ein hohes Maß an Sicherheit. Die Genossenschaften dürfen keine zweckfremden Kredite vergeben und nicht mit Einlagen spekulieren, sodass die Risiken überschaubar sind. Die Jahresabschlüsse der Genossenschaften mit Spareinrichtung werden von der Bafin kontrolliert, im Pleitefall springt der Selbsthilfefonds des Bundesverbands deutscher Wohnungs- und Immobilienunternehmen ein. Nicht verwechseln sollten Sie Wohnungsgenossenschaften mit anderen Wohnungsgesellschaften, die um Kapitalanleger werben, wie zum Beispiel privaten Wohnbauunternehmen.

Die besten Angebote finden

Vergleichsportale und Produktfinder im Internet helfen Ihnen, Angebote mit den höchsten Zinsen zu finden. Lassen Sie sich aber nicht von Lockangeboten blenden, die nur scheinbar zu hohen Renditen führen.

Wenn Sie immer die besten echten Zinsschnäppchen ausnutzen wollen, müssen Sie etwas Zeit investieren. Mithilfe des Internets ist es zwar keine große Mühe, gute Angebote Mitunter müssen Sie häufiger neue Bankverbindungen eröffnen, wenn die Angebote nach einer gewissen Zeit auslaufen. Daneben gibt es aber auch Anbieter, die dauerhaft gute Zinsen bieten.

Keine Scheu vor Direktbanken

Gute Zinsen finden Anleger vor allem bei Onlinebanken. Viele dieser Anbieter im Internet haben nur eine kleine Produktpalette, und die Kunden können meist nur online oder telefonisch auf ihre Konten zugreifen. Die Scheu mancher Sparer vor diesen Anbietern ist unbegründet. Direktbanken sind reguliert und überwacht wie Filialbanken, und die Eröffnung eines Tages- oder Festgeldkontos ist nur mit geringem Aufwand verbunden (⬈ Checkliste „So eröffnen Sie ein Konto bei einer Direktbank"). Dass sich dieser Aufwand lohnt, verdeutlicht ein einfaches Beispiel.

Beispiel: Ein Sparer hat die Wahl, seine Notfallreserve in Höhe von 20 000 Euro bei seiner Haus- und Filialbank für 0,05 Prozent Zinsen lie-

zu finden und zu vergleichen. Oft sind diese aber zeit- und betragsmäßig limitiert. Das bedeutet, sie gelten häufig nur für eine gewisse Dauer und nur für begrenzte Anlagesummen. *gen zu lassen oder ein Tagesgeldkonto bei einer Direktbank zu eröffnen, die ihm 1,05 Prozent bietet. Bei seiner Hausbank bekäme der Sparer nach einem Jahr bei stabilen Zinsen 10 Euro Zinsen überwiesen, bei der Direktbank 200 Euro mehr.*

Er müsste sich dazu nur ein gutes Tagesgeldkonto im Internet heraussuchen und das Eröffnungsprozedere durchführen. So leicht lassen sich 200 Euro pro Jahr selten verdienen.

Und wenn er zusätzlich ein Festgeldkonto oder ein Wertpapierdepot bei seiner Direktbank eröffnen möchte, kann er das einfach online erledigen. Eine neue Legitimation ist nicht mehr erforderlich.

Der Finanztest-Produktfinder

Die besten Tages- und Festgeldangebote im Internet finden Sie mit den Produktfindern von Finanztest unter www.test.de/zinsen. Der Produktfinder Tagesgeld vergleicht dort die Angebote und Konditionen von über 70 Großbanken, bundesweiten und überregionalen Pri-

So eröffnen Sie ein Konto bei einer Direktbank

Ein Tagesgeld- oder Festgeldkonto bei einer Direktbank zu eröffnen ist einfach:

☐ **Angebot.** Suchen Sie das Produkt, mit dem Sie starten wollen, beispielsweise ein Tagesgeldkonto. Wenn Sie dieses anklicken, finden Sie neben den Informationen zum Tagesgeld schnell einen Button „Konto eröffnen" oder einen ähnlichen Link.

☐ **Unterlagen.** Lassen Sie sich dann durch das Menü für die Neueröffnung führen. Viele Direktbanken bieten hier inzwischen sehr übersichtliche Masken an. Manchmal müssen Sie nur Ihre Adressdaten angeben und bekommen die Kontoeröffnungsunterlagen dann per Post. Meist lassen Banken Sie alles direkt am PC eingeben, und Sie können mit den ausgedruckten Unterlagen den nächsten Schritt, die Legitimation, angehen.

☐ **Legitimation.** Jede Bank ist gesetzlich verpflichtet, die Identität ihrer Kunden zu überprüfen. Meist bedienen sich Direktbanken dazu des Post-Ident-Verfahrens. Dazu nehmen Sie Ihre Kontoeröffnungsunterlagen so-wie Ihren Personalausweis mit zu einer Postfiliale. Der Postmitarbeiter überprüft die Angaben in Ihrem Ausweis und leitet die Unterlagen an die Direktbank weiter. Manche Banken bieten alternativ eine Identitätsprüfung per Video Chat an. Dazu benötigen Sie nur einen PC oder ein Smartphone mit schneller Internetverbindung und Web Cam. Ein Mitarbeiter der Bank oder eines externen Dienstleisters führt dann die Identitätsprüfung durch, bei der Sie Ihren Ausweis in die Kamera halten müssen.

☐ **Eröffnungspaket.** Wenn die Eröffnungsunterlagen samt Identifizierung bei Ihrer neuen Bank vorliegen, wird Ihnen ein „Eröffnungspaket" mit den wichtigsten Informationen zur Bank zugesandt. Die für Sie relevanten Daten sind dabei die Kontonummer, Ihre persönliche Identifikationsnummer (PIN) und die Unterlagen zum gültigen TAN-Verfahren. Mit den Transaktionsnummern (TANs) geben Sie einzelne Transaktionen frei. Sobald Ihnen Ihre Kontonummer mitgeteilt wurde, können Sie Geld auf Ihr neues Konto überweisen.

30
SEKUNDEN FAKTEN

4,75 %
war der höchste Leitzinssatz der EZB seit Einführung des Euro im Jahr 2001. Der Leitzins ist das wichtigste Element zur Steuerung der Geldpolitik. Er wird von den Zentralbanken festgelegt.

0,0 %
betrug der Leitzins von März 2016 bis Juli 2022. Seitdem erhöht die EZB sukzessive die Zinsen, um die steigende Inflation zu bekämpfen.

9,3 %
betrug die durchschnittliche Inflationsrate 2022 in der EU. Die niedrigste Rate (− 0,6 %) wurde im Januar 2015 gemessen, die höchste im Oktober 2022 (10,6 %).

Quelle: EZB

vatbanken sowie in- und ausländischen Onlinebanken. Der Produktfinder Festgelder und Sparbriefe enthält die Zinskonditionen für Laufzeiten zwischen einem Monat und zehn Jahren von rund 600 ausgewählten langlaufenden Festgeldangeboten. Alle 14 Tage werden die Datenbanken aktualisiert.

Sie können im Produktfinder mit verschiedenen Filtern die Suche optimieren. So können Sie etwa einstellen, dass nur die Top-5-Angebote angezeigt werden oder nur Angebote, die auch für Minderjährige gelten oder als Gemeinschaftskonten geführt werden können. Zinsangebote, die Sie dann besonders interessieren, können Sie in einer Vergleichsmaske direkt miteinander vergleichen und den Vergleich speichern oder als PDF ausdrucken.

Um in die Auswertung aufgenommen zu werden, müssen die Zinsangebote bestimmte Kriterien erfüllen:

▶ Nur Angebote ohne Tricks

Finanztest prüft alle Zinsangebote auf bedenkliche Nebenbedingungen. Angebote mit verbraucherunfreundlichen Bedingungen werden nicht in die Datenbank aufgenommen. Dazu gehören zum Beispiel Lockangebote mit sehr kurzen Laufzeiten oder niedrigen Anlagebeträgen, Angebote mit Zusatzkosten und so genannte Kombi-Produkte, bei denen üblicherweise nur die Hälfte des Anlagebetrages in eine kurzfristige Zinsanlage fließt – und die andere Hälfte in Investmentfonds.

▶ **Die Einlagensicherung muss stimmen**
Zudem kommen nur Zinsangebote von Instituten in den Produktfinder, bei denen eine ausreichende Einlagensicherung für den Pleitefall gewährleistet ist. So werden zum Beispiel nur Banken aus EU-Staaten und Ländern des Europäischen Wirtschaftsraumes (EWR) aufgenommen, deren Einlagensicherung sich in Krisen bewährt hat. Eine Sicherungsgrenze von 100 000 Euro pro Kunde und Bank ist das Minimum. Eine Ausnahme sind Banken aus Großbritannien, denn dort sind nur 85 000 Pfund (knapp 96 000 Euro bei einem Wechselkurs von 1,12) über die Einlagensicherung gedeckt. Auch bei schwedischen Banken wird nur bis maximal 1,05 Millionen Schwedische Kronen erstattet.

▶ **Dauerhaft gute Tagesgelder**
Bei den Tagesgeldern werden im Produktfinder dauerhaft gute Angebote gekennzeichnet. Das sind Tagesgeldkonten, die in den vergangenen 24 Monaten dauerhaft zu den 20 besten Angeboten gehört haben. Bei solchen Tagesgeldern ist die Wahrscheinlichkeit hoch, dass nicht kurz nach Eröffnung des Kontos die Zinsen drastisch gesenkt werden, weil der Anbieter seine „Produktoffensive" beendet. Wenn Sie nicht ständig neue Konten eröffnen wollen, um von Topangebot zu Topangebot zu hüpfen, sind Sie mit den als „dauerhaft gut" bezeichneten Banken gut beraten.

Natürlich spricht nichts dagegen, immer wieder Konten bei Direktbanken zu eröffnen, die die aktuell höchsten Zinsen bieten. Mit einer solchen Strategie legen Sie Ihr Tagesgeld immer optimal verzinst an. Wenn Sie sich auf dauerhaft gute Angebote konzentrieren, entgehen Ihnen vielleicht ein paar Euro, Ihr Aufwand verringert sich aber stark.

Zinsangebote finden, wenn Sie nicht online sparen wollen

Wenn Sie kein Onlinekonto führen möchten, sind die meisten Spitzenreiter bei den Zinsangeboten für Sie nicht erreichbar. Hausbanken wie Sparkassen und Volksbanken zahlen so gut wie keine Zinsen für Festzinsanlagen. Denn aufgrund der Niedrigzinspolitik der Europäischen Zentralbank können sich Banken fast kostenlos Geld von ihr leihen und sind auf Einlagen ihrer Kunden nicht angewiesen.

Sparer, denen ein persönlicher Kontakt zur Bank wichtig ist oder die sich mit Internetbanking nicht beschäftigen möchten, sollten zumindest die Konditionen von Banken vergleichen, bei denen Geld per Telefon oder in einer Filiale zu besseren Zinssätzen angelegt werden kann. Das können etwa kleinere Banken sein oder Direktbanken, die einige Filialen in größeren Städten unterhalten. Wenn Sie telefonisch ein Konto bei einer Direktbank eröffnen möchten, rufen Sie dort an, um die Unterlagen anzufordern. Die Bank schickt sie Ihnen zu, mit den ausgefüllten Papieren gehen Sie zur Post und lassen wie beim Onlinekonto von einem Post-Mitarbeiter Ihre Identität prüfen.

In Finanztest werden monatlich die besten Tages- und Festgeld-Anbieter veröffentlicht. Konten, die nur online eröffnet werden können, sind gekennzeichnet. Bei den anderen Anbietern finden Sie eine Telefonnummer.

Lockangebote erkennen

Lockangebote sind nicht per se schlecht, Sie sollten diese aber als solche erkennen können, wenn Sie sie nutzen wollen.

Jäger oder Fotografen benutzen manchmal künstliche Tierkörper, um Wildtiere anzulocken. Auch Banken, Sparkassen und Bausparkassen greifen mitunter zu Lockmitteln. Spezielle Zinsangebote sollen (potenzielle) Kunden locken.

Um neue Kunden bei Tagesgeld- oder Festgeldkonten zu gewinnen, bieten Banken, Sparkassen und Bausparkassen häufig Sonderkonditionen bei den Zinssätzen. Diese liegen deutlich über dem aktuellen Marktdurchschnitt und lassen Zinssparer hellhörig werden. Das Kalkül der Banken: Wenn Kunden erst einmal ein Konto eröffnen und das Angebot nutzen, bleiben sie danach auch langfristig Kunden. Denn die meisten haben keine Lust, sich wieder eine neue Bank zu suchen.

Nur: Die auf den ersten Blick traumhaften Zinsangebote sind meist mit einem oder mehreren Haken versehen.

Hoher Zins nur für Neukunden

Meist gilt der Spitzenzins für Tagesgeldkonten ausschließlich für Neukunden und ist zeitlich beschränkt. Ist diese Frist vorbei, zahlt die Bank nur noch einen niedrigen Standardzins. Haben Sie bereits ein Tagesgeldkonto bei der Bank, kann aber vielleicht noch Ihr Partner ein neues Konto eröffnen und so die Bedingungen erfüllen. Lösen Sie Ihr Konto nach Ablauf der guten Zinsen auf, gelten Sie meist nach einer Frist von einigen Monaten bis zu mehreren Jahren wieder als Neukunde und können Lockangebote nutzen.

Die „falsche Zinstreppe"

Der Topzins eines Lockangebots gilt häufig nur für einen kleinen Anlagebetrag. Darüber hinausgehende Beträge verzinst die Bank deutlich niedriger. Die Bank wendet also eine „falsche" oder umgekehrte Zinstreppe an. Deshalb ist die Rendite für höhere Anlagesummen sehr gering, und Sie haben Mühe, wegen der unterschiedlichen Zinssätze Ihre Rendite pro Jahr auszurechnen. Problematisch ist dabei auch, dass viele Sparer dies erst bei der ersten Zinszahlung merken. Wer auch da nicht aufpasst, bekommt es gar nicht mit.

Beispiel: Ein Sparer legt 50 000 Euro bei einer Bank an, die mit 1,5 Prozent Zinsen pro Jahr wirbt. Der Haken: Die 1,5 Prozent gibt es nur für Beträge bis 5 000 Euro. Für den Teil des Guthabens, der zwischen 5 000 und 25 000 Euro liegt, zahlt die Bank 0,5 Prozent, für alle Beträge über 25 000 Euro nur 0,25 Prozent. Für die Gesamtanlage von 50 000 Euro errechnet sich dann nur noch eine sehr geringe Rendite von 0,475 Prozent.

Nur für Depotwechsler

Einige Banken knüpfen ihre Topangebote daran, dass der Anleger nicht nur Neukunde ist, sondern darüber hinaus mit seinem vollständigen Wertpapierdepot, das er bei einer anderen Bank hat, zu ihnen wechselt. Manchmal reicht es, wenn ein bestimmter Mindestwert an Wertpapieren zum neuen Anbieter umzieht oder wenn ein Wertpapierdepot beim neuen Anbieter eröffnet wird. Selbst wenn das Depot kostenfrei ist, verdient die Bank dann am Kauf und Verkauf von Wertpapieren.

Trotzdem finden sich in diesem Bereich oft gute Angebote. Wer sowieso mit seinem Depot zu einer Direktbank umziehen möchte, kann ein solches Angebot mitnehmen.

Kombiangebote Festgeld und Fonds

Wenn Banken mit besonders hohen Festgeldzinsen locken, handelt es sich oft um Kombiangebote: Nur wenn der Kunde gleichzeitig einen weiteren Betrag in Investmentfonds anlegt, erhält er den befristeten höheren Zins aufs Festgeld.

Der Haken dabei ist, dass bei den meisten Kombiangeboten nur wenige Fonds zur Auswahl stehen – und diese zählen nicht unbedingt zu den Besten. Zudem zahlt sich der Kunde den höheren Festgeldzins quasi selbst. Denn er muss für den Fondskauf in der Regel den vollen ⤴ Ausgabeaufschlag bezahlen, der bei Aktienfonds um die 5 Prozent beträgt. Über die Börse oder bei Fondsvermittlern könnte er die Fonds viel günstiger kaufen. Kombiangebote lohnen sich allenfalls für Anleger, die langfristig in Fonds anlegen und sich damit auch beschäftigen möchten. Wenn Sie den Fonds ohnehin bei Ihrer Bank kaufen und den Ausgabeaufschlag zahlen wollen, können Sie den höheren Festgeldzins mitnehmen. In jedem Fall sollten Sie aber auf unserer Homepage unter www.test.de/fonds die Qualität des Fonds prüfen. Schneidet er unterdurchschnittlich ab, ist es besser, auf das Angebot zu verzichten.

Zins ist nicht immer gleich Rendite

Banken sind leider nicht verpflichtet, bei Zinsangeboten die Rendite oder den Effektivzins zu nennen. So gibt es immer noch Angebote, bei denen Banken bei mehrjährigen Anlagen die Zinsen erst am Ende der Laufzeit ohne Zinseszins auszahlen, statt die Zinserträge am Ende des Jahres dem Sparkapital zuzuschlagen und dann mitzuverzinsen.

Beispiel: Legen Sie 50 000 Euro auf fünf Jahre zu 1,8 Prozent Zins an, erhalten Sie ohne Zinseszins 54 500 Euro ausbezahlt, was einer Gesamtrendite von nur 1,74 Prozent entspricht. Würden die Erträge mitverzinst, bekämen Sie hingegen 54 664 Euro und damit immerhin 164 Euro mehr.

Wären die Banken verpflichtet, die Rendite oder den Effektivzins zu nennen, würden Angebote ohne Zinseszins vermutlich schnell vom Markt verschwinden, da diese dann leicht mit anderen Angeboten verglichen werden könnten.

Anleihen: Zinsen von Staaten und Firmen

Anleihen sind eine Alternative zu den Sparanlagen der Banken. Wie diese eignen sie sich als Sicherheitsbaustein für die Geldanlage. Nicht immer sind sie aber besser verzinst als die Bankangebote. Auch sind nicht alle Anleihen sicher. Anleger finden viele riskantere Papiere – die höhere Renditechancen bieten.

Was sind Anleihen?

Anleihen funktionieren im Grunde ganz einfach. Ein Anleger leiht dem Staat oder einem Unternehmen Geld. Er erhält dafür Zinsen und bekommt am Ende der Laufzeit sein Geld zurück. Trotzdem gibt es ein paar Punkte, auf die er achten sollte.

Staaten haben die Möglichkeit, sich Geld am Kapitalmarkt zu beschaffen, wenn sie neben den Steuereinnahmen Mittel zur Finanzierung ihrer laufenden Ausgaben und größerer Investitionen brauchen. Sie können börsennotierte Wertpapiere herausgeben (emittieren) und so Kapital aufnehmen. Die Käufer der Wertpapiere – private Anleger, professionelle Investoren wie Banken oder Versicherungen oder auch andere Staaten – leihen dem Herausgeber der Wertpapiere ihr Geld. Ihre rechtliche Stellung ist die eines Gläubigers, ähnlich der eines Darlehensgebers bei einem Darlehensvertrag. Nicht nur Staaten, auch Banken, Unternehmen und andere Institutionen können über die Ausgabe von Anleihen Fremdkapital aufnehmen.

Für diese Wertpapierart gibt es verschiedene synonyme Begriffe. „Anleihe" ist wohl der gebräuchlichste. Daneben spricht man auch von:

▶ Rentenpapieren (der Begriff hat nichts damit zu tun, dass Anleihen besonders für den Ruhestand geeignet sind, sondern kommt aus der Finanzmathematik, wo regelmäßige, feste Zahlungen als Renten bezeichnet werden),

▶ Schuldverschreibungen

▶ Obligationen

▶ Bonds (aus dem Englischen)

Der Anleger wird Gläubiger

Das Grundprinzip von Anleihen ist einfach: Sie sind verbriefte, das heißt in einer Urkunde festgehaltene, Schuldverschreibungen. Wer eine Anleihe erwirbt, wird zum Gläubiger und stellt dem Herausgeber der Anleihe (in der Fachsprache „Emittent" genannt), Geld zur Verfügung. Dieser verpflichtet sich im Gegenzug, für die Überlassung des Geldbetrags Zinsen zu zahlen und das Kapital nach einem bestimmten Zeitraum zurückzuzahlen.

Von diesem Grundprinzip – fester Geldbetrag, feste Zinsen – gibt es aber zahlreiche unterschiedliche Ausgestaltungen und auch Abweichungen. Es gibt beispielsweise Anleihen mit variabler Verzinsung, dabei hängen die Zinsen, die der Herausgeber zahlt, von der Entwicklung eines Referenzzinses ab, der am Kapitalmarkt gebildet wird. Neben der „klassischen" Anleihe als Instrument der Fremdfinanzierung existieren außerdem Schuldverschreibungen, die Zwischenformen der Eigen- und Fremdfinanzierung darstellen, wie zum Beispiel Wandelanleihen, die in Aktien umgewandelt werden können, Hybridanleihen mit langen oder endlosen Laufzeiten sowie Genussscheine.

Die Vertragsdetails jeder Anleihe legt der Emittent in den Emissionsbedingungen fest und fasst sie in einem Emissionsprospekt zusammen. Anleger sollten vor dem Kauf einer Anleihe einen Blick in diese Dokumente werfen oder ihren Berater dazu befragen.

Nennwert und Zinskupon

Da der Gesamtwert einer Anleiheemission meist einen mehrfachen Millionenwert ausmacht, wird diese in viele kleine Teilschuldverschreibungen gestückelt. Den verbrieften Betrag jeder Stückelung bezeichnet man als „Nennwert" oder „Nominalbetrag". Er ergibt sich, indem man die Gesamtschuldsumme durch die Anzahl der auszugebenden Anleihen dividiert. Übliche Stückelungen bei Anleihen sind 0,01, 100, 500 und 1000 Euro. Es gibt aber auch Stückelungen von 10 000 oder gar 100 000 Euro. Als Anleger müssen Sie darauf achten und Ihren Anlagebetrag daran orientieren. Beträgt der Nennwert einer Anleihe beispielsweise 1000 Euro, können Sie nur 1000 Euro oder ein Vielfaches davon in dieser Anleihe anlegen. Der Nennwert ist auch der Wert, den der Herausgeber als Anleiheschuldner (Emittent) am Ende der vereinbarten Laufzeit wieder an den Anleger zurückzahlen muss.

In den Anleihebedingungen ist genau festgelegt, wie hoch die Zinsen sind, die Sie meist dafür erhalten, dass Sie dem Emittenten das Geld zur Verfügung stellen, und zu welchen Terminen sie gezahlt werden müssen. Üblich sind jährliche Zinstermine, die Zinszahlung kann aber auch viertel- oder halbjährlich erfolgen. Die Zinsen werden jeweils auf den Nennwert berechnet.

Früher, als es noch physische, gedruckte Anleiheurkunden gab, war jeder Anleiheurkunde ein Zinsscheinbogen beigefügt, der aus verschiedenen Zinskupons bestand. Diese mussten dann zum jeweiligen Zinstermin abgeschnitten und der Bank vorgelegt werden, die daraufhin die Zinsen auszahlte. Heute werden Zinsen nicht mehr manuell ausgegeben, sondern automatisiert auf das Konto des Anlegers überwiesen. Der Begriff „Zinskupon" oder kurz „Kupon" für den Zinssatz einer Anleihe ist aber noch heute üblich.

Beispiel: Hat eine Anleihe einen „Zinskupon" von 2 Prozent jährlich und besitzt der Anleger zwei Teilschuldverschreibungen mit einem Nennwert von 10 000 Euro, so erhält er jährlich 400 Euro (2 x 2 Prozent von 10 000 Euro) Zinsen.

Laufzeit und Rückzahlung

In den Anleihebedingungen ist geregelt, wann der Emittent dem Anleger den geliehenen Geldbetrag wieder zurückzahlen muss. Den Zeitraum bis zur Rückzahlung bezeichnet man als (Rest-)Laufzeit. Anleger können aus einem breiten Spektrum an Laufzeiten wählen. Experten unterteilen die verschiedenen Zeiträume zur besseren Orientierung in

▶ kurzfristige Papiere (sogenannte Kurzläufer), die in weniger als drei Jahren fällig werden,

▶ mittelfristige Papiere (drei bis sieben Jahre) und

▶ Langläufer, deren Laufzeiten länger – mitunter bis zu 30 oder 50 Jahre – betragen können.

Wird eine Anleihe, wie nach den Emissionsbedingungen bestimmt, gesamt oder in Tranchen zurückgezahlt, spricht man auch von der Tilgung der Anleihe. Nach den Bedingungen können aber auch andere Rückzahlungsgründe vorliegen. So kann bestimmt sein, dass die Anleihe gesamt oder teilweise durch den Emittenten gekündigt und somit vorzeitig zurückgezahlt werden kann. Mitunter ist es möglich, dass der Emittent die Papiere an der Börse wie ein Dritter zurückkauft.

Daneben gibt es endlos laufende Anleihen, bei denen also kein fester Rückzahlungstermin vorgesehen ist. Hier hat der Emittent aber in der Regel ein Kündigungsrecht.

Der Kurswert

Der Wert einer Anleihe kann während der Laufzeit schwanken. Das kommt daher, dass Anleihen im Unterschied zu festverzinslichen Sparprodukten der Banken (wie zum Beispiel Festgelder) während der Laufzeit an der Börse verkauft werden können. Der Verkaufspreis richtet sich – wie an der Börse üblich – nach Angebot und Nachfrage. Der Kurswert gibt den aktuellen Wert einer Anleihe relativ zum Nennwert an. Er wird üblicherweise in Prozent notiert.

Ist eine Anleihe stark nachgefragt, weil Anleger diese beispielsweise in Krisenzeiten als besonders sicher erachten, kann der Kurswert über 100 Prozent betragen. So notierten zu Hochzeiten der Eurofinanzkrise zum Beispiel Anleihen von als besonders sicher geltenden Emittenten wie Deutschland oder Norwegen weit über 100 Prozent. Umgekehrt kann der Kurswert weit unter 100 Prozent liegen, wenn zum Beispiel schlechte Nachrichten über den Emittenten kursieren und Inhaber der Anleihe befürchten, ihr Geld am Ende der Laufzeit nicht mehr zurückzubekommen. Als die Betrügereien von VW mit manipulierten Abgaswerten bekannt wurden, ging nicht nur der Aktienkurs von VW auf Talfahrt, auch Volkswagen-Anleihen notierten unter 100 Prozent.

Der Kurswert wird zudem von den aktuellen Marktzinsen beeinflusst. Steigen die Marktzinsen, fällt der Kurs einer bereits laufenden Anleihe, denn Anleger wollen dann lieber neue Anleihen mit höherem Zins kaufen.

❝ **Steigen die Marktzinsen, fällt der Kurs einer laufenden Anleihe, denn Anleger wollen dann lieber neue Anleihen mit höherem Zins kaufen.**

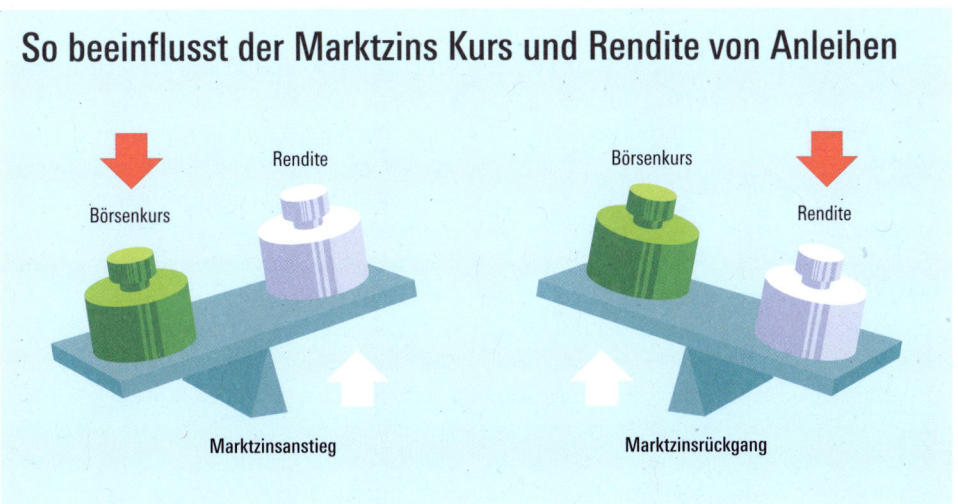

So beeinflusst der Marktzins Kurs und Rendite von Anleihen

Hingegen steigt die Rendite der bereits laufenden Anleihen, da diese aufgrund des gefallenen Kurses günstiger gekauft werden können. (↗ Grafik „So beeinflusst der Marktzins Kurs und Rendite".)

Nach den Anleihebedingungen muss die Anleihe grundsätzlich zu 100 Prozent, also zum Nennwert zurückgezahlt werden. Wird der Emittent nicht insolvent, bekommen Anleger den Nennwert immer zurück. Wenn Sie also auf die Kreditwürdigkeit des Emittenten vertrauen können und vorhaben, seine Anleihe bis zum Laufzeitende zu halten, können Ihnen Kursschwankungen in der Zwischenzeit egal sein.

Kaufen Sie eine Anleihe während der Laufzeit zu einem Kurswert, der von ihrem Nennwert abweicht, können Sie zusätzliche Kursgewinne oder -verluste erzielen. Hätten Sie beispielsweise eine VW-Anleihe gekauft, als deren Kurswert aufgrund der Nachrichten über die Abgasmanipulationen auf 90 Prozent gesunken war, und wird diese dann zum Nennwert, also zu 100 Prozent zurückgezahlt, hätten Sie neben Ihrem Zinsertrag einen Kursgewinn von 10 Prozent erzielt.

Anlagewährung
Eine Anleihe und ihr Nennwert müssen sich auf eine bestimmte Währung beziehen, diese muss jedoch nicht die Heimatwährung des Emittenten sein. Ein deutscher Emittent kann sich grundsätzlich in jeder frei handelbaren Währung verschulden. Er kann Anleihen begeben, die auf Euro lauten, aber auch beispielsweise auf US-Dollar oder Norwegische Krone. Solche Fremdwährungsanleihen bieten Anlegern die Chance, vom höheren Zinsniveau ei-

nes anderen Währungsraumes und von Wechselkursveränderungen zu profitieren. Entwickelt sich die Fremdwährung ungünstig für den Anleger, sind entsprechende Verluste möglich.

Rendite

Für Anleger ist eines der wichtigsten Vergleichskriterien die Rendite. Sie gibt die tatsächliche Jahresverzinsung der Anlage unter Berücksichtigung aller wichtigen Faktoren wieder. Bei einer Festgeldanlage bei einer Bank entspricht die Rendite dem Zinssatz des Festgeldangebotes. Ganz so einfach lässt sich die Rendite einer Anleihe nicht bestimmen. Das liegt insbesondere daran, dass Anleihen meist nicht zum Nennwert, sondern zum Kurswert erworben werden. Die tatsächlich erzielbare Rendite hängt daher vor allem vom Kurswert der Anleihe zum Kaufzeitpunkt ab. Nur wenn Sie eine Anleihe vom ersten bis zum letzten Tag halten, bekommen Sie die sogenannte Emissionsrendite. Kaufen Sie später, weicht die tatsächliche Rendite von der Emissionsrendite ab. Notiert der Kurs der Anleihe zum Kaufzeitpunkt unter 100 Prozent und halten Sie diese bis zum Laufzeitende, erzielen Sie neben der laufenden Verzinsung zusätzlich einen Einlösungsgewinn, der Ihren Gesamtertrag verbessert.

Grob gesagt, errechnet sich die Rendite bei Anleihen somit aus der Verzinsung und der Differenz zwischen Kauf- und Verkaufs- beziehungsweise Rückzahlungskurs.

Wollten Sie die Rendite Ihrer Anleihe ganz genau ermitteln, müssten Sie noch weitere Faktoren berücksichtigen: Kaufen Sie nicht zum Nennwert, ist zum Beispiel auch Ihr Kapitaleinsatz entsprechend höher oder niedriger. Weiterhin müssten Sie noch Kosten wie Maklercourtage und Kaufprovision berücksichtigen. Legen Sie in einer Fremdwährung an, kann sich die Rendite zusätzlich stark verändern, wenn die Fremdwährung zum Euro stark gestiegen oder gefallen ist.

Stückzinsen

Anleiheemittenten zahlen ihre Zinsen zu den in den Anleihebedingungen festgelegten Terminen. Aber wem stehen die Zinsen zu, wenn eine Anleihe zwischen zwei Zinszahlungsterminen den Besitzer wechselt? Hier kommen Stückzinsen ins Spiel. Stückzinsen sind Zinsen, die auf die Zeit zwischen dem letzten Zinszahlungstermin und dem Verkaufstermin einer Anleihe entfallen. Der Käufer einer Anleihe muss dem Verkäufer Stückzinsen zahlen, da er für den seit der letzten Zinszahlung vergangenen Zeitraum den Zinsanspruch des Verkäufers mit erwirbt und beim nächsten Zinstermin die volle Zinszahlung vom Emittenten erhält – so, als hätte er die Anleihe schon das ganze Jahr in seinem Besitz.

❝ Anleger sollten vor dem Kauf einer Anleihe einen Blick in Emissionsbedingungen und den Prospekt werfen oder ihren Berater dazu befragen.

Beispiel: Anleger A verkauft die Anleihe ein Vierteljahr nach dem Zinstermin an B. B muss A für dieses Vierteljahr die anteiligen Zinsen zahlen und ein Dreivierteljahr bis zum nächsten Zinstermin warten. Dann bekommt er die Zinsen für das gesamte Jahr.

Stückzinsen berechnen sich nach der Formel
(Nennwert der Anleihe x Tage seit letztem
Zinstermin x Nominalzins)
/ (100 x 365 Tage)
= Stückzinsen

Beispiel: Ein Anleger kauft mit Valuta vom 10. März eine Anleihe im Nennwert von 1000 Euro mit einem Zinskupon von 3,5 Prozent zum Kurs von 98,8 Prozent. Die Zinsen werden jährlich am 1. Dezember gezahlt. Die Anleihe ist in drei Jahren und 266 Tagen endfällig. Der Käufer muss dem Verkäufer für 99 Tage (30 Tage im Dezember + 31 Tage im Januar + 28 Tage im Februar + 10 Tage im März) Stückzinsen bezahlen.

Damit muss der Anleihekäufer
an Stückzinsen zahlen:
(1 000 x 99 x 3,5)
/ (100 x 365)
= 9,49 Euro
Das entspricht 0,95 Prozent
(3,5 Prozent x 99 Tage / 365 Tage)

Die laufende Verzinsung und die Börsenformel

Normalerweise müssen Sie die Rendite von Anleihen nicht selbst berechnen. Im Internet

Gut zu wissen

Fremdwährungsanleihen sind kein Sicherheitsbaustein. Anleger, die einen Sicherheitsbaustein für ihre Geldanlage suchen, sollten ausschließlich Anleihen kaufen, die auf Euro lauten. Anleihen in fremder Währung sind riskant. Wechselkurse können immer wieder erheblich schwanken. Amerikanische Staatsanleihen zum Beispiel eignen sich nicht als Sicherheitsbaustein fürs Depot – obwohl die USA ähnlich wie die Bundesrepublik Deutschland ein erstklassiger Schuldner sind. Doch der Dollar schwankt so stark, dass eine amerikanische Staatsanleihe für hiesige Anleger nicht als sicher angesehen werden kann.

geben Börsenportale und Direktbanken zu Anleihen in der Regel die Rendite an, die Sie aktuell erzielen würden, wenn Sie die Anleihe kaufen und bis zur Endfälligkeit halten würden. Gute Internetseiten für Anleihekäufer sind beispielsweise www.onvista.de und www.boerse-stuttgart.de. Hier finden Sie auch sehr nützliche Tools wie Anleihefinder und Renditerechner. Mit dem Anleihefinder können Sie nach Ihren gewünschten Kriterien passende Anleihen für Sie finden.

Sollten Sie einmal keine Angaben zur Rendite einer Anleihe finden und diese selbst bestimmen wollen, gibt es dafür unterschiedliche Berechnungsmethoden.

Die einfachste Methode ist die der laufenden Verzinsung. Diese gibt an, wie hoch der effektive Prozentsatz ist, mit dem der Kapitaleinsatz des Anleiheinvestors verzinst wird.

So berechnet sich die laufende Verzinsung:
(Nominalzins x 100)
/ (Kaufkurs)
= **Laufende Verzinsung**

Im vorigen Beispiel würde die laufende Verzinsung somit wie folgt berechnet:

3,5 x 100
/ 98,8
= **3,54 Prozent**

Zusätzlich würde der Anleger einen Kursgewinn von 1,2 Prozent (100 Nominalwert, 98,8 Kaufkurs) erzielen, wenn er die Anleihe bis zur Fälligkeit hält. Dies berücksichtigt die laufende Verzinsung nicht. Sie berücksichtigt auch nicht, auf welche Restlaufzeit sich ein solcher Mehrertrag (oder auch Kursverlust) verteilt, und eignet sich daher nur zur Renditebestimmung, wenn der aktuelle Kurs nahe 100 Prozent liegt. Ansonsten weist die laufende Verzinsung üblicherweise eine höhere oder niedrigere Rendite auf, als der Anleger tatsächlich erzielt.

Dieser Nachteil entfällt bei der sogenannten Börsenformel. Sie setzt die Kursgewinne und -verluste, die sich aus der Differenz zwischen Nennwert und Kaufkurs ergeben, ins Verhältnis zur Restlaufzeit. Außerdem müssen zum eingesetzten Kapital neben dem Kaufkurs noch die Kaufkosten und Stückzinsen berücksichtigt werden. Von der Börsenformel gibt es in der Praxis viele Abweichungen, sie ist nur eine Faustformel zur Renditeberechnung.

So lautet die Börsenformel:
[Nominalzins + ((Rückzahlungskurs –
Kaufkurs) : Restlaufzeit in Jahren)] x 100
/ Kaufkurs
= **Rendite**

Im Beispiel mit den Stückzinsen würde die Rendite nach der Börsenformel so berechnet:

[3,5 + ((100 – 98,8) : 3,73)] x 100
/ 98,8
= **3,87 Prozent**

Grundsätzlich liefert die Börsenformel umso genauere Ergebnisse, je näher der Kaufkurs der Anleihe an 100 Prozent liegt und je kürzer die Restlaufzeit ist. Noch komplexere und professionellere Methoden zur Renditeberechnung berücksichtigen unter anderem auch die Barwerte der Zinszahlungen, berechnen also, was diese bezogen auf die Laufzeit der Anleihe wert sind.

Was beeinflusst den Wert einer Anleihe?

Auch wenn Anleihen gemeinhin als sichere Anlagen für konservative Anleger gelten, weisen sie Risiken auf, die Sie beachten sollten.

Aktienbesitzer können über Kurssteigerungen davon profitieren, wenn „ihr" Unternehmen wirtschaftlich besonders erfolgreich ist oder gute Zukunftschancen hat. Aktienkurssteigerungen haben für Anleger, die in dasselbe Unternehmen über eine Anleihe investiert haben, hingegen keine Auswirkungen. Ihr Ertrag steht aufgrund der festen Laufzeit und Verzinsung von vornherein fest. Da bei einem Investment Chancen und Risiken immer voneinander abhängen, sind bei einer Anlage in Anleihen aber auch die Risiken geringer als bei einer Aktienanlage. Gerät das Unternehmen in Schwierigkeiten, sinkt der Kurs der Aktie und damit sinken die Ertragschancen des Aktionärs. Der Anleiheinvestor hingegen ist in einer komfortableren Situation. Seine Ansprüche gehen denen der Aktionäre (Anteilseigner) grundsätzlich vor, wenn das Unternehmen in finanzielle Schwierigkeiten gerät.

Dennoch ist eine Anleihe kein risikoloses Investment. Wie riskant eine solche Anlage ist, hängt von verschiedenen Faktoren ab.

Das Emittentenrisiko

Ein Schuldversprechen ist immer nur so werthaltig wie derjenige, der es abgibt. Anleger, die eine sichere Anleihe erwerben wollen, müssen daher vor allem auf die Kreditwürdigkeit (Bonität) des Emittenten achten. Je größer die Gefahr ist, dass der Emittent während der Laufzeit einer Anleihe in Schwierigkeiten gerät und Zinsen nicht mehr bezahlen kann oder gar das geliehene Kapital nicht zurückzahlt, umso höhere Zinsen verlangen Anleger als Entschädigung für das Risiko, das sie eingehen. Umgekehrt müssen Emittenten, bei denen die Wahrscheinlichkeit eines Zahlungsausfalls gering ist, wie beispielsweise Deutschland oder die USA, ihren Anlegern keine hohen Zinsen anbieten. Als Faustregel gilt: Je höher der Zins, umso schlechter die Kreditwürdigkeit des Emittenten.

Für Privatanleger ist es schwer, die Bonität eines Staates oder Unternehmens, das Anleihen herausgibt, zu beurteilen. Eine Orientierung können hier die Einstufungen von Ratingagenturen wie Standard & Poor's (S & P), Moody's oder Fitch sein, die die Kreditwürdigkeit von Anbietern überprüfen. Zwar ist ein Rating für Anleihen nicht vorgeschrieben. Dennoch lässt sich ein Großteil der Anleihe-Herausgeber freiwillig durchleuchten, um ihre Papiere besser loszuwerden. Denn wie eine TÜV-Plakette soll ein positives Rating Vertrauen bei den Anlegern erzeugen. Die Analysten der Ratingagenturen durchleuchten dann Wirtschaftsdaten von Verbänden, Veröffentlichungen von Zentralbanken, Ministerien und Aufsichtsbehörden und sprechen mit Branchenexperten und Wissenschaftlern. Bei Unternehmen lassen sie sich auch die Bilanzen der letzten und Planzahlen der kommenden Jahre zeigen und vergleichen sie mit dem, was sie aus früheren Ratings über die Branche des Kandidaten wissen.

Am Ende des Verfahrens geben die Prüfer Ratingnoten: Von der Bestnote AAA bis zum C bei S & P und Fitch beziehungsweise von Aaa bis C bei Moody's. Mit feinen Abstufungen innerhalb der Notenklassen drücken die Prüfer aus, ob eine Anleihe im oberen Drittel, im Mittelfeld oder im unteren Drittel ihrer Klasse liegt. Bei Ratings schlechter als BBB bei S & P und Baa bei Moody's bewegt sich der Anleger im „Non-Investmentgrade". Hier ist eine Anlage schon ziemlich riskant.

Grundsätzlich sollten Sie Ratings aber nur als Anhaltspunkt bei Ihrer Anlageentscheidung betrachten und diesen nicht blind ver-

Anleihen und Aktien im Vergleich

	Anleihe	Aktie
Rechtliche Stellung des Anlegers	Der Anleger ist Gläubiger des Unternehmens und hat Anspruch auf Rückzahlung seines Kapitals sowie die vereinbarte Verzinsung.	Der Anleger ist Miteigentümer des Unternehmens und hat Anspruch auf eine Beteiligung am Gewinn.
Laufzeit der Anlage	Laufzeit der Anleihe wird bei Emission festgelegt. Spätestens am Ende der Laufzeit erhält der Anleger sein Kapital zurück.	Unbestimmt. Bis der Anleger seine Aktie wieder verkauft.
Form der Erträge	Regelmäßige und feste Verzinsung des investierten Kapitals.	Ob eine Gewinnausschüttung (Dividende) erfolgt und wenn ja in welcher Höhe, ist vom Jahresergebnis des Unternehmens abhängig.
Chancen	Kursgewinne sind bei einem Verkauf vor Laufzeitende möglich.	Kursgewinne und steigende Dividenden bei wirtschaftlichem Erfolg des Unternehmens.
Risiken	Zahlungsausfall von Zinsen und Rückzahlung. Ansprüche gehen denen von Aktionären vor.	Kursverluste sind bis zum Totalverlust möglich, wenn das Unternehmen insolvent wird.

trauen. In der Vergangenheit haben sich Noten von Ratingagenturen einige Male als zu optimistisch erwiesen.

Je schlechter die Bonität eines Emittenten, umso höhere Zinsen muss er bei der Neuemission einer Anleihe bieten. Anleger, die in eine Anleihe investieren, gehen dennoch davon aus, dass diese zum Laufzeitende zum Nennwert, also einem Kurs von 100 Prozent zurückgezahlt wird. Aber auch während der Laufzeit kann sich die Bonität eines Emittenten ändern: Bei einem Unternehmen kann sich die Auftragslage dramatisch verschlechtern, Skandale können den Ruf schädigen oder ein unfähiges Management die Firma ruinieren. Auch Staaten sind vor Bonitätsverschlechterungen nicht gefeit, wenn zum Beispiel die Staatsschulden überhandnehmen oder politische Unruhen für Unsicherheit sorgen. All dies kann dazu führen, dass die Emittenten auch während der Laufzeit der Anleihe in eine schlechtere Bonitätsstufe herabgestuft werden. Dann sinkt meist der Kurswert der Anleihe stark.

Mutige Anleger können Kursrutsche von Anleihen ausnutzen, um diese günstig zu erwerben. Das sollten Sie allerdings nur tun, wenn Sie davon überzeugt sind, dass der Emittent, also ein Unternehmen oder ein Staat, weiterhin seine Zinsen bedienen und vor allem zum Laufzeitende das eingesetzte Kapital zurückzahlen wird. In diesem Fall profitieren Sie von hohen Kursgewinnen, da die Rückzahlung immer zum Kurs von 100 Prozent zu erfolgen hat.

30
SEKUNDEN FAKTEN

23,3 MILLIARDEN EURO

nahm das Emissionsvolumen am deutschen Rentenmarkt im Juni 2022 gegenüber dem Vormonat zu.

8,8 MILLIARDEN EURO

entfielen davon im selben Zeitraum auf die öffentliche Hand (zum Beispiel Bundeswertpapiere).

13,7 MILLIARDEN EURO

wurden von inländischen Nichtbanken gekauft.

Quelle: Deutsche Bundesbank

Das Zinsänderungsrisiko

Auch wenn Anleihen zu 100 Prozent des Kurswertes zurückzuzahlen sind, kann der allgemeine Marktzins den Kurswert einer Anleihe während der Laufzeit stark beeinflussen. Das ist wichtig für Anleger, die ihre Anleihe vor Laufzeitende verkaufen wollen oder auf Kursgewinne spekulieren.

▶ **Steigen die Zinsen** am Kapitalmarkt, zum Beispiel weil wichtige Notenbanken wie die US-Notenbank Fed oder die Europäische Zentralbank (EZB) den Leitzins anheben, sinken die Kurse älterer bereits börsennotierter Anleihen. Der Grund dafür ist logisch: Die älteren Papiere mit niedrigerem Zinskupon werden viel weniger nachgefragt als Neuemissionen mit an das gestiegene Zinsniveau angepassten Zinskupons.

▶ **Fallen dagegen die Zinsen** am Kapitalmarkt, steigen die Kurse bereits börsennotierter Anleihen. Denn die älteren Papiere bieten höhere Zinskupons als Neuemissio-

Die Notenskala der Bonitätsprüfer

Moody's	Standard & Poor's, Fitch	Was steckt hinter der Note?
Investment Grade		
Aaa	AAA	Hochqualitative Anleihen. Die Rückzahlung von Zinsen und des eingesetzten Kapitals gilt als sehr sicher.
Aa1; Aa2; Aa3	AA+; AA; AA–	Anleihen mit sehr hoher Sicherheit, geringes Ausfallrisiko. Zins und Tilgung werden mit sehr hoher Wahrscheinlichkeit geleistet.
A1; A2; A3	A+; A; A–	Gute Bonität. Viele Kriterien deuten darauf hin, dass Zins und Tilgung geleistet werden. Es gibt aber ein Restrisiko.
Baa1; Baa2; Baa3	BBB+; BBB; BBB–	Durchschnittliche Bonität. Anleger, die nicht spekulieren wollen, sollten keine schlechter bewerteten Anleihen kaufen.
Non-Investment Grade		
Ba1; Ba2; Ba3	BB+; BB; BB–	Hohes Risiko. Zurzeit werden Zins und Tilgung zwar noch gezahlt, doch langfristig ist das Risiko eines Zahlungsausfalls hoch.
B1; B2; B3	B+; B; B–	Spekulative Anlage. Rückzahlung der Anleihen ist stark gefährdet.
Caa; Ca; C	CCC; CC; C	Hoch spekulativ. Zahlungsverzug ist eingetreten (Moody's) oder es besteht eine direkte Gefahr für einen Zahlungsverzug (S&P).

nen und sind daher für Anleger attraktiver.

Gerade wenn das Zinsniveau sehr niedrig ist, müssen Anleger mit steigenden Marktzinsen rechnen. Es macht dann wenig Sinn, langlaufende Festzinsanleihen zu kaufen, auch wenn diese zu diesem Zeitpunkt noch eine höhere Rendite bieten als Anleihen mit kurzer Restlaufzeit. Wer in einer solchen Phase beispielsweise zehnjährige Papiere kauft, riskiert, auf diesen sitzen zu bleiben, wenn am Markt wieder höhere Zinsen gezahlt werden, oder er muss mit Kursverlusten verkaufen.

Kaufen Sie hingegen im Zinstief Anleihen mit kurzer Restlaufzeit bis zu drei Jahren, können Sie die Rückzahlung Ihrer Anleihe zum Nennwert abwarten und dann neu zu den dann eventuell höheren Kursen investieren.

▶ **Duration**

Selbst wenn Sie eine Anleihe bis zum Laufzeitende halten und somit zum Nennwert zurückbezahlt bekommen, sind Marktzinsänderungen auch für Sie insoweit relevant, als dass Sie die ausgeschütteten Zinsen während der Laufzeit zum dann gültigen Zins wiederanlegen müssen. Wenn die Zinsen steigen, können Sie die Zinserträge zu besseren Renditen wiederanlegen. Gleichzeitig fällt dann der Kurs Ihrer Anleihe. Umgekehrt kann der Zinsertrag bei sinkenden Zinsen nur zu schlechteren Konditionen reinvestiert werden.

Mit der Duration haben Anleger eine Maßzahl dafür, wie empfindlich der Kurs einer Anleihe auf eine Änderung des Marktzinsniveaus

Achten Sie auch auf die Duration. Erwarten Sie steigende Zinsen, sollten Sie auf eine niedrige Duration achten. Suchen Sie sich eine Anleihe, die kurz läuft und einen möglichst hohen Zinskupon hat. Wollen Sie auf sinkende Zinsen setzen, sollten Sie eine hohe Duration wählen, also eine Anleihe kaufen, die möglichst lange läuft und niedrige Zinsen hat. Beachten Sie aber: Die Duration ist nur eine Kennzahl bei der Überlegung, in Anleihen zu investieren. Wichtig für Ihre Anlageüberlegungen sind daneben vor allem die Bonität des Emittenten und der passende Anleihe-Typ.

reagiert. Sie gibt an, wie viele Jahre es dauert, bis sich die Kurs- und Zinseffekte jeweils ausgleichen, wann also der Punkt erreicht ist, an dem sich Wiederanlage- und Kursänderungsrisiko kompensieren.

Zur Berechnung der Duration wird zunächst ermittelt, wie viele Zahlungen aus der Anleihe ein Anleger zu erwarten hat. Wer beispielsweise eine Anleihe mit einer Laufzeit von fünf Jahren kauft, erhält in den Jahren eins bis fünf jeweils Zinszahlungen. Da eine Zinszahlung in fünf Jahren weniger wert ist als eine Zinszahlung jetzt (sie könnte gleich wieder angelegt werden), werden alle künftigen

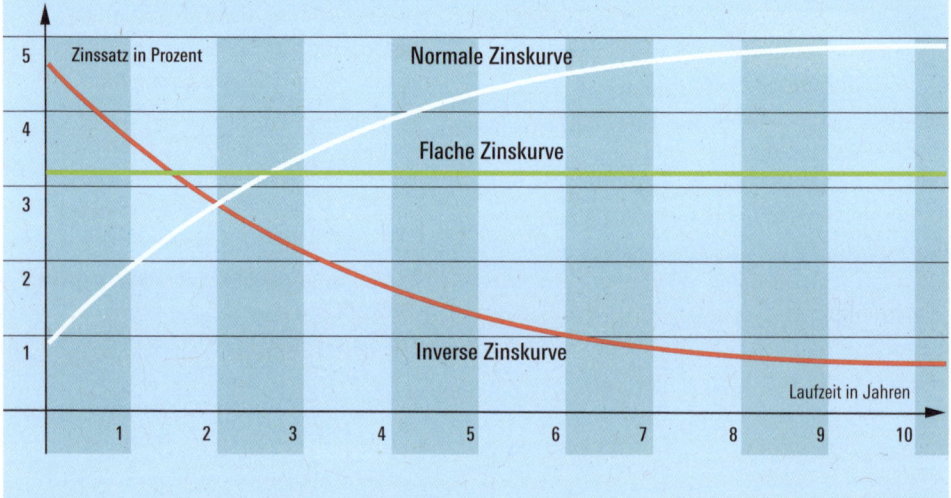

Die Zinsstrukturkurve

Aus einer Zinsstrukturkurve können Sie ablesen, welche Zinsniveaus kurz-, mittel- und langfristige Zinsanlagen aufweisen.

Zinssatz in Prozent

Normale Zinskurve

Flache Zinskurve

Inverse Zinskurve

Laufzeit in Jahren

Zahlungen abgezinst und der Barwert der künftigen Zahlungen ermittelt und gewichtet.

Die Duration ist umso höher, je länger eine Anleihe noch läuft und je niedriger die Verzinsung ist. Üblicherweise ist die Duration kürzer als die Laufzeit einer Anleihe. Würden Sie eine Anleihe vorzeitig genau zu dem Zeitpunkt verkaufen, an dem die Duration erreicht ist, würden Sie genau die Rendite erzielen, die beim Kauf der Anleihe berechnet wurde.

▶ **Die Zinsstrukturkurve**

Die Renditen festverzinslicher Wertpapiere unterscheiden sich je nach ihrer Restlaufzeit. Normalerweise erzielen Anleger mit Anleihen längerer Laufzeiten höhere Renditen. Das erklärt sich damit, dass Anleger, die ihr Geld einem Anleiheschuldner leihen, einen höheren Aufschlag für ihr höheres Risiko der längeren Kapitalbindung fordern. Auch wollen sie einen Ausgleich für die erwartete Inflation, weil diese während der Laufzeit an der Kaufkraft des angelegten Geldes nagt. Die Abhängigkeit

Checkliste

Achten Sie auf Sonderbedingungen

Bei manchen Anleihen gibt es Sonderbedingungen, auf die Sie achten sollten. Dazu gehören vor allem:

☐ **Vorzeitiges Kündigungsrecht:** Es steht dem Emittenten frei, die Anleihe vor dem eigentlichen Fälligkeitstag zu bestimmten Terminen zu verkaufen. Oft erhalten Sie dann zwar eine Rückzahlung über dem Nennwert, also einem Kurs über 100 Prozent, um Sie für die Zinsausschüttungen zu entschädigen, die Ihnen entgehen. Sie müssen sich dann aber um eine Wiederanlage kümmern.

☐ **Variable Verzinsung:** Vor allem bei Unternehmensanleihen gibt es Papiere mit einer variablen Verzinsung. Die Zinsen sind dann von bestimmten Bedingungen abhängig und können sich während der Laufzeit ändern. Solche Bedingungen können zum Beispiel das Rating oder die Eigenkapitalquote des Anleihe-Herausgebers sein.

Ob es bei einer Anleihe Sonderbedingungen gibt und welche, erfahren Sie aus dem Emissionsprospekt.

---

von Zinsen und Laufzeiten kann man systematisch in Zinsstrukturkurven verdeutlichen.

Von einer normalen Zinsstrukturkurve spricht man, wenn für längere Laufzeiten höhere Renditen gezahlt werden. Hier erwarten die Marktteilnehmer steigende Zinsen und lassen sich längere Bindungsdauern mit einer Risiko- und Liquiditätsprämie in Form höherer Zinsen bezahlen.

Ist die Zinskurve flach, werden für alle Laufzeiten annähernd gleiche Renditen gezahlt. Da Anleger normalerweise für eine längere Laufzeit eine Risiko- und Liquiditätsprämie fordern, spricht eine flache Zinsstrukturkurve dafür, dass Anleger fallende Zinsen erwarten.

Werden für langfristige Anleihen weniger Zinsen gezahlt als für kurzfristige Anlagen, liegt eine inverse Zinskurve vor. Eine Erklärung dafür kann sein, dass die Marktteilnehmer mit einer Rezession und stark fallenden Zinsen rechnen. Daher wollen sie verstärkt in langfristige Anleihen investieren. Durch die steigende Nachfrage am sogenannten langen Ende der Zinskurve sinken die entsprechenden Zinssätze. Eine inverse Zinskurve kommt eher selten vor und zeigt eine besondere Verunsicherung der Marktteilnehmer.

▶ Eine Grafik der aktuellen Zinsstrukturkurven deutscher und US-amerikanischer Staatsanleihen finden Sie unter www.tagesgeldvergleich.net/statistiken/zinsstrukturkurven.html#tgv_aktuell

❝ **Bei den Börsenportalen oder Direktbanken im Internet finden Sie meist Angaben zur Liquidität einer Anleihe.**

Kündigungs- und Auslosungsrisiko

Es gibt Anleihen, bei denen sich der Herausgeber ein Kündigungsrecht vor Ablauf der Laufzeit vorbehält. Macht er davon Gebrauch, erhält der Anleger früher als kalkuliert sein eingesetztes Kapital zurück. Kann er dann nur zu einem schlechteren Zinssatz wieder anlegen, weil der Marktzins gesunken ist, erleidet er einen Verlust. Anleiheherausgeber nutzen die Kündigungsmöglichkeit gerne dann aus, wenn die Zinsen gesunken sind und sie sich günstiger neu verschulden können.

Ein besonderer Beendigungsgrund ist die sogenannte Auslosung bei der Rückzahlung von Losanleihen. Das sind Anleihen, die keinen festen Rückzahlungstermin haben, die aber innerhalb einer bestimmten Frist zurück-

bezahlt werden. Im Rahmen einer Auslosung werden Nummern der emittierten Anleihe gezogen und diese Wertpapiere dann zurückgezahlt. Nicht gezogene Anleihen laufen weiter, bis sie später ausgewählt werden.

Wechselkursrisiko

Fremdwährungsanleihen, die nicht in Euro, sondern einer anderen Währung zurückgezahlt werden, unterliegen Wechselkursschwankungen. Sinkt die Nominalwährung (zum Beispiel US-Dollar, Norwegische Krone, Britisches Pfund) gegenüber dem Euro, erleidet ein deutscher Anleger Währungsverluste, steigt die fremde Währung gegenüber dem Euro, kann er hingegen Währungsgewinne einstreichen. Es gibt auch Anleihen, bei denen die Kuponwährung nicht mit der Nominalwährung identisch ist. Dann müssen Anleger sowohl hinsichtlich der Zinszahlungen als auch der Rückzahlung des Kapitals die Entwicklung der Devisenkurse beachten und notfalls rechtzeitig verkaufen, wollen sie nicht „doppelte" Währungsverluste hinnehmen.

Inflationsrisiko

Anleiheinvestoren wissen grundsätzlich immer, dass sie ihr Kapital nebst Zinszahlungen zurückerhalten – vorausgesetzt, der Emittent bleibt zahlungsfähig. Welchen realen Wert die Rückzahlung des Kapitals in der Zukunft für sie hat, hängt aber auch davon ab, wie sich die allgemeine Preissteigerung, also die Inflation, bis dahin entwickelt. Die Kaufkraft des Rückzahlungsbetrags kann dann von der heutigen Kaufkraft seines Sparbetrags abweichen. Waren die Inflationsraten höher als die Zinsen, die Anleger erzielt haben, war der sogenannte Realzins ihrer Anlage negativ.

Die Liquidität von Anleihen

Beim Kauf vom Anleihen sollten Sie auch auf deren Börsenumsatz achten. Anleihen mit einem hohen Umsatz sind sehr liquide, können also jederzeit wieder verkauft werden. Sie können eine Anleihe zwar grundsätzlich bis zur Fälligkeit halten, aber es könnte ja sein, dass Sie vorzeitig verkaufen wollen, weil Sie das Geld brauchen oder weil sich die Bonität des Emittenten während der Laufzeit verschlechtert und Sie einen Ausfall bei der Rückzahlung befürchten. Liquiditätsprobleme treten vor allem bei kleineren Emissionen auf, in der Regel aber nicht bei Staatsanleihen und seltener bei Emissionen großer Industrieunternehmen.

Bei den Börsenportalen oder Direktbanken im Internet finden Sie meist Angaben zur Liquidität einer Anleihe. Diese verwenden etwa Abstufungen für die Liquidität von „niedrig" bis „hoch" oder andere Kennzahlen. Die Börse München hat zum Beispiel bei ihrem Anleihenfinder ein Liquiditätsrating von 1 bis 6. Ein Rating von 1 bedeutet, die Anleihe ist jederzeit handelbar, es gibt nur kleinste Abweichungen zwischen Ankaufs- und Verkaufspreis (Spread). Ein Liquiditätsrating von 6 bedeutet illiquider Wert, sowohl ein Verkauf als auch ein Kauf kommt nur nach Orderlage zustande, ein Kurs wird vom Skontroführer lediglich unter Berücksichtigung der aktuellen Marktlage gestellt.

Unterschied- liche Anleihetypen

Der Anleihenmarkt ist riesig, und es gibt zahlreiche verschiedene Anleihetypen mit unterschiedlichen Eigenschaften. Die Kreditwürdigkeit des Herausgebers, die Art der Verzinsung und der Rückzahlung der Anlagesumme können ebenso variieren wie die Währung oder die Besicherung.

Staatsanleihen

Staaten brauchen viel Geld, um ihre Aufgaben erfüllen zu können. Sie geben daher oft Anleihen heraus, die die Bürger oder fremde Investoren kaufen können.

Viele Staaten der Welt benötigen zur Finanzierung ihres Haushalts, besonderer Projekte oder sonstiger Staatsausgaben mehr Geld, als sie durch Steuern und Abgaben einnehmen. Sie nutzen dann auch den Kapitalmarkt, um sich Geld bei Anlegern zu leihen. Anleihen, bei denen ein Staat oder auch eine unterhalb des Staates organisierte Gebietskörperschaft, wie zum Beispiel ein Bundesland oder ein Schweizer Kanton, Herausgeber der Anleihe ist, werden als Staatsanleihen bezeichnet. Staatsanleihen haben oft sehr lange Laufzeiten von 10 bis 30 Jahren.

Auch bei Staatsanleihen ist die Bonität des Emittenten für Anleger besonders wichtig, und auch hier sind die Einschätzungen der Ratingagenturen von großer Bedeutung. Staatsanleihen von Ländern mit solidem Rating gelten als sehr sichere Wertpapiere, insbesondere solche mit einem AAA-Rating, der höchsten Bonitätsstufe. Zu diesen Ländern gehören beispielsweise Deutschland, Dänemark, Norwegen, Schweden, Luxemburg, Kanada und die Schweiz. Diese Emittenten bieten aufgrund ihrer sehr guten Bonität weniger Zinsen als beispielsweise Tschechien, Spanien oder Italien.

Anders als bei anderen Emittenten wird die Bonität von Staatsanleihen aber nicht etwa anhand von Jahresabschlüssen beurteilt, sondern sie hängt vor allem von der Verfassung des Staatshaushalts und dem sogenannten Länderrisiko ab. Letzteres bezeichnet das wirtschaftliche Risiko, dem ein Gläubiger in einem bestimmten Land ausgesetzt ist, wenn es dort zu Krisensituationen kommt. Viele Schwellenländer, aber auch Industrieländer mit hoher Schuldenlast haben eine schlechtere Bonitätsnote. Sie zahlen höhere Zinsen auf ihre Anleihen, weil diese für Anleger riskanter sind.

Im Unterschied zu Unternehmen sind Staaten zwar nicht insolvenzfähig, dennoch kann es zu Staatsbankrotten oder Zahlungsausfällen kommen. Vereinbaren Gläubiger und Schuldner einer Anleihe, den Schuldendienst wegen wirtschaftlicher Probleme des Schuldners vorübergehend aufzuschieben, spricht man von einem Moratorium. Ein Staat kann ein Moratorium aber auch einseitig ankündigen. In der Vergangenheit kam es auch des Öfteren zu sogenannten Umschuldungen, bei denen die Anleihen von Krisenstaaten (zum Beispiel Argentinien und Griechenland) in andere Anleihen mit zum Beispiel längeren Laufzeiten (zwangs-)umgetauscht wurden. Bei einem Schuldenerlass muss ein Anleger in Höhe des Erlasses auf seine Forderungen verzichten.

Die Staaten der Eurozone geben neue Anleihen nur noch mit Umschuldungsklauseln, englisch Collective Action Clause (CAC), heraus. Sie wollen den Umgang mit Schuldenkrisen vereinfachen. Nach den neuen Regeln kann sich eine Mehrheit der Gläubiger im Krisenfall mit dem Herausgeber der Anleihe auf eine Umschuldung verständigen. Die Minderheit muss sich fügen. Wie viele Stimmen für die Mehrheit notwendig sind, hängt davon ab, wie abgestimmt wird – in einer Gläubigerversammlung oder schriftlich: Versammeln sich die Gläubiger, wird eine 75-prozentige Zustimmung des vertretenen Kapitals verlangt. Stimmen sie schriftlich ab, reicht eine Zweidrittelmehrheit. Die Gläubiger können eine Verlängerung der Anleihelaufzeit beschließen, sich auf einen niedrigeren Zinssatz einigen oder den Nennwert der Anleihe beschneiden. Solche Umschuldungsklauseln können für Privatanleger nachteilig sein, weil bei Anleihen meist institutionelle Anleger wie Banken und Versicherungen den größten Anteil der Gläubiger stellen und einzelne Kleinanleger dann leichter überstimmen können.

Euro-Staatsanleihen

Euro-Staatsanleihen werden von Ländern innerhalb der Eurozone herausgegeben, also von den Staaten, in denen die Währung Euro offizielles Zahlungsmittel ist. Zwar besteht für deutsche Anleger hier kein Währungsrisiko, die Bonitäts- und Ausfallrisiken unterscheiden sich aber stark innerhalb der Euro-Länder. Anleihen des griechischen oder portugiesischen Staates sind wesentlich riskanter als

STAATSANLEIHEN

Geeignet für sicherheitsorientierte bis risikofreudige Anleger – je nach Bonität des Emittenten (Landes).

PRO

Staatsanleihen gibt es für jeden Anlagehorizont. Mit der Auswahl des herausgebenden Staates und der Währung bestimmen Sie Ihr Risiko selbst.

CONTRA

Im Fall einer Staatspleite kann der Totalverlust eintreten. Wenn Staatsanleihen nicht auf Euro lauten, haben sie zusätzlich ein Währungsrisiko.

deutsche Staatsanleihen und müssen Anlegern daher auch höhere Zinsen bieten.

Fremdwährungsanleihen

Staatsanleihen, die nicht auf Euro lauten, sind aus Sicht eines deutschen Anlegers Fremdwährungsanleihen. Wichtig zu wissen, nicht immer ist das Herkunftsland für die Währung ausschlaggebend: Länder (und Firmen) aus der Eurozone können auch Anleihen in

HÄTTEN SIE'S GEWUSST?

Den Jargon der Profis verstehen.

Börsenprofis benutzen gerne besondere Bezeichnungen für einige häufig gehandelte Anleihen:

Bunds ist der Händlerbegriff für Deutsche Bundesanleihen.

Als **Bobls** werden Bundesobligationen bezeichnet.

Treasuries sind die Staatspapiere der USA, die vom US-Schatzamt (Department of the Treasury) herausgegeben werden.

Unterjährige Staatspapiere der USA werden **T-Bills** oder **Treasury Bills** genannt, Anleihen bis zu 10 Jahren **T-Notes** und Anleihen über 10 Jahre **T-Bonds.**

Eidgenossen sind die Staatsanleihen der Schweiz.

Gilts nennt man Staatsanleihen aus Großbritannien. **Short Gilts** haben eine Laufzeit von unter 5, **Long Gilts** von über 15 Jahren.

Fremdwährungen herausgeben – genauso wie Emittenten außerhalb der Eurozone Anleihen herausgeben können, die auf Euro lauten. Es kommt bei der Einteilung in Euro- und Fremdwährungsanleihen also einzig auf die Währung an, auf die eine Anleihe lautet.

Fremdwährungsanleihen können wegen eines höheren Zinsniveaus – zum Beispiel in den USA – interessant sein. Aber gleichzeitig erkauft man sich dadurch Fremdwährungsrisiken. Die Kursschwankungen durch die Fremdwährungen können erheblich sein. Auch bei sogenannten Hartwährungen wie dem Schweizer Franken oder dem US-Dollar lassen sich über lange Anlagezeiträume kaum eindeutige Trends feststellen, sodass es schwer ist, Wechselkursgewinne zu erwirtschaften. Das höhere Risiko der Fremdwährungsanleihen ist dadurch kaum mit entsprechenden systematischen Währungsgewinnen verbunden. Fremdwährungsanleihen eignen sich daher meist nur als Beimischung.

Alternativ können Fremdwährungsanleihen auch gegen Wechselkursrisiken abgesichert werden. Ein Zinsvorteil ergibt sich dann aber nicht mehr, weil der Zinsvorteil den Kosten der Absicherung entspricht. So bleibt als einziger Vorteil der Absicherung eine für die Anleihen vielleicht günstigere Zinsentwicklung im Raum der Fremdwährung.

Staatsanleihen aus Schwellenländern

Insbesondere sogenannte Emerging Market Bonds locken oft mit hohen Renditen. Dazu zählen Anleihen aus Ländern, die an der

Schwelle zur Industriegesellschaft stehen oder diese schon erreicht haben und ein relativ hohes Wirtschaftswachstum aufweisen wie zum Beispiel Indien, Brasilien oder auch Argentinien und die Türkei. Höhere Renditen sind auf die nicht immer beständige politische und wirtschaftliche Lage in diesen Ländern zurückzuführen – also auf die hohen Risiken, die sich auch in schlechteren Ratings spiegeln. Dennoch finden sich unter den Schwellenländern auch solide bewertete Staaten. Bei Hochzinsanleihen aus Schwellenländern können diverse Risiken bestehen:

▶ **Rohstoffschwäche.** Viele Schwellenländer sind von Einnahmen aus Rohstoffexporten abhängig. Bewegen sich die Rohstoffpreise auf niedrigem Niveau, fehlt diesen Staaten möglicherweise Geld, um Schulden zurückzuzahlen.

▶ **Währungsverluste.** Wenn die Währungen der Schwellenländer gegenüber dem Dollar und dem Euro nachgeben, sinkt die Dollar- oder Euro-Rendite von Schwellenland-Anleihen, die in Lokalwährung begeben wurden. Gleiches gilt für den Nennwert: In Euro umgerechnet kann ein Anleger durch Währungsverluste weniger als ursprünglich gezahlt wiederbekommen. Diese Risiken sind bei Währungen aus Schwellenländern meist größer als bei „Hart-Währungen" aus Industrienationen.

▶ **Ausgabe in US-Dollar.** Länder (und Firmen) aus Schwellenländern geben auch Anleihen in US-Dollar heraus. Dadurch sinkt für einen deutschen Anleger das Wechselkursrisiko meistens. Dafür geht der Emittent manchmal ein höheres Risiko ein: Wenn seine Steuereinnahmen oder Gewinne eher in seiner Schwellenland-Landeswährung erzielt werden, seine Anleihen-Verpflichtungen aber auf US-Dollar lauten, dann wird er schneller Probleme beim Bedienen der Anleihen-Schulden haben, wenn seine Schwellenland-Währung gegenüber dem US-Dollar abwertet – seine bestehenden Kredite werden deutlich teurer.

Bundeswertpapiere

Einer der größten und aktivsten Herausgeber von Anleihen ist der deutsche Staat. Auch Länder, Städte und Gemeinden decken einen Teil ihres Finanzbedarfs durch die Ausgabe von Anleihen.

Wegen seiner disziplinierten Haushaltspolitik seit dem Zweiten Weltkrieg gilt der deutsche Staat als sehr sicherer Schuldner. Die festverzinslichen Wertpapiere der öffentlichen Hand sind deshalb bei Banken und Versicherungen und auch bei internationalen Investoren gefragt. Ein großer Vorteil deutscher Staatsanleihen ist, dass sie rege an der Börse gehandelt werden und die Handelsspanne (Spread) deshalb meist gering ist. Anleger, die Staatsanleihen kaufen oder verkaufen wollen, erhalten dadurch einen fairen Kurs. Der Bund bietet eine ganze Palette verschiedener Anleihen mit unterschiedlicher Verzinsung und Laufzeit an: die Bundeswertpapiere.

Bundesanleihen

Das wohl bekannteste Bundeswertpapier ist die Bundesanleihe, die von der Bundesrepublik Deutschland seit 1952 herausgegeben wird. Bundesanleihen sind mit einem umlaufenden Volumen von über einer halben Billion Euro das wichtigste Finanzierungsinstrument des deutschen Staates.

„Bunds" haben bei Emission eine Laufzeit von 10 oder 30 Jahren und sind damit die am längsten laufenden Bundeswertpapiere. Sie besitzen einen festen jährlichen Zinssatz, und die Rückzahlung erfolgt zum Nennwert. Bun-

desanleihen können über Kreditinstitute börsentäglich ge- oder verkauft werden, eine Mindestanlagesumme gibt es nicht.

Einer Neuemission folgen regelmäßig in den darauffolgenden Monaten sogenannte Aufstockungen in geringerer Höhe, die auch im Auktionsverfahren durchgeführt werden.

Bundesanleihen sind sehr liquide und die Bundesrepublik Deutschland als Herausgeberin besonders kreditwürdig. Deshalb sind Bundesanleihen ein wichtiger Vergleichsmaßstab für festverzinsliche Anlagen. Die Rendite der zehnjährigen Bundesanleihe ist in der Regel die Untergrenze für am Kapitalmarkt gezahlte Renditen. Mit anderen Worten: Wenn eine andere Anleihe mit gleicher Laufzeit niedrigere Zinsen bietet als die Bundesanleihe, ist sie unattraktiv, denn Anleger würden die extrem sichere Bundesanleihe vorziehen. Eine andere Anleihe oder Festgeldanlage ist nur dann vorteilhafter, wenn das höhere Bonitätsrisiko gegenüber der Bundesanleihe angemessen verzinst wird.

Trägt man die Renditen von Bundesanleihen mit Restlaufzeiten von 1 bis 10 Jahren in ein Diagramm ein, erhält man die sogenannte Bundkurve. Normalerweise ist die Kurve aufsteigend, da die Renditen bei kurzen Laufzeiten geringer sind als bei langen. In den Hochzeiten der Niedrigzinsphase war die Bundkurve erst nach einigen Jahren positiv. Anleger waren zugunsten der Sicherheit der Anlage bereit, Bundesanleihen zu Kursen über 100 Prozent und ohne oder sogar mit negativem Zinskupon zu kaufen. Derzeit zeigt sie, dass Anleger sich in Erwartung weiter steigender Zinsen noch nicht langfristig binden wollen.

In Zeiten der Niedrigzinsphase ist die Bundkurve erst nach einigen Jahren positiv. Anleger sind zugunsten der Sicherheit der Anlage bereit, Bundesanleihen zu Kursen über 100 Prozent und ohne oder sogar mit negativem Zinskupon zu kaufen. Die Bundkurve gibt einen guten Überblick über das derzeitige Zinsniveau bei unterschiedlichen Laufzeiten (↗ Grafik „Die Bundkurve").

Unverzinsliche Schatzanweisungen

Unverzinsliche Schatzanweisungen sind die Bundeswertpapiere mit den kürzesten Laufzeiten von 6 Monaten. Wie der Name schon sagt, werden hier keine Zinsen gezahlt. Es handelt sich um ein sogenanntes Diskontpapier, bei dem sich der Ertrag des Anlegers aus dem Unterschied zwischen dem Kaufkurs und der Rückzahlung zum Nennwert am Laufzeitende ergibt. Aufgrund der sehr kurzen Laufzeit nutzen professionelle Anleger sie dafür, größere Geldbeträge kurzfristig sicher anzulegen. Die kurze Laufzeit sorgt auch dafür, dass Unverzinsliche Schatzanweisungen die schwankungsärmsten Bundeswertpapiere mit den geringsten Kursrisiken sind.

Siehe Grafik „Die Bundkurve", S. 115.

BUNDESWERTPAPIERE

Geeignet für sehr sicherheitsorientierte Anleger, die auf die Bonität der Bundesrepublik Deutschland als Emittent vertrauen.

PRO

Bundeswertpapiere sind sehr sicher. Es gibt sie für verschiedene Anlagehorizonte. Aufgrund der hohen Umsätze sind sie sehr liquide, können also börsentäglich ge- und verkauft werden.

CONTRA

Mit Bundeswertpapieren erzielt man meist weniger Rendite als mit anderen Anleihen, da sie aufgrund ihres sehr guten Ratings als „sicherer Hafen" gelten.

Im Unterschied zu den anderen Bundeswertpapieren werden Unverzinsliche Schatzanweisungen nicht an der Börse, sondern nur im Direkthandel zwischen institutionellen Investoren gehandelt und richten sich daher primär an professionelle Anleger. Es gibt weder

Bundeswertpapiere im Überblick

	Laufzeit	Zinszahlung	Rückzahlung	Kauf
Unverzinsliche Schatzanweisung	12 Monate	Abzinsung (Nennwert – Zinsen = Kaufpreis)	Nennwert	kein Börsenhandel
Bundesschatz-anweisung	2 Jahre	jährlich nachträglich	Nennwert	gebührenpflichtiger Kauf über Banken und Sparkassen an der Börse
Bundesobligation	5 Jahre	jährlich nachträglich	Nennwert	gebührenpflichtiger Kauf über Banken und Sparkassen an der Börse
Bundesanleihe	7, 10, 15 oder 30 Jahre	jährlich nachträglich	Nennwert	gebührenpflichtiger Kauf über Banken und Sparkassen an der Börse
Inflationsindexierte Bundeswertpapiere	5, 10 bis 30 Jahre	jährlich nachträglich	mindestens Nennwert + Inflationsausgleich	gebührenpflichtiger Kauf über Banken und Sparkassen an der Börse
Grüne Bundeswertpapiere	5, 10 und 30 Jahre	jährlich nachträglich	Nennwert	gebührenpflichtiger Kauf über Banken und Sparkassen an der Börse

Mindestanlagesummen noch einen Anlagehöchstbetrag.

Bundesschatzanweisungen

Bundesschatzanweisungen haben eine Laufzeit von zwei Jahren und bieten jährliche Zinszahlungen. Sie können börsentäglich über Banken an der Börse gehandelt werden.

Bundesobligationen

Bundesobligationen haben eine Laufzeit von fünf Jahren. Anleger erhalten jährliche feste Zinszahlungen (Kupons), und die Papiere werden zum Laufzeitende zum Nennwert zurückgezahlt. Bundesobligationen können börsentäglich bei jeder Bank oder Sparkasse ge- und verkauft werden. Dort können sie auch im Depot verwahrt werden. Es gibt keine Mindestanlagesumme und keinen Anlagehöchstbetrag.

Inflationsindexierte Bundeswertpapiere

Die Finanzagentur bietet auch inflationsindexierte Bundeswertpapiere mit Laufzeiten von fünf Jahren (inflationsindexierte Bundesobligationen) oder 10 bis 30 Jahren (inflationsindexierte Bundesanleihen) an. Sie sind für Anleger gedacht, die sich dagegen absichern wollen, dass die Inflation an ihrem angelegten Geld nagt und dieses einen Kaufkraftverlust erleidet. Bei diesen Anleihen werden die Verzinsung und die Rückzahlung an die Entwicklung eines offiziellen Verbraucherpreisindexes angepasst. Der Ausgangszins ist bei diesen Papieren niedriger als bei den nicht inflationsindexierten Bundeswertpapieren.

Der Kauf inflationsgeschützter Anleihen ist nur für Anleger sinnvoll, die mit einer überraschend starken Inflation rechnen. In norma-

Die Bundkurve

Diese durchschnittlichen Renditen erzielen Anleger mit unterschiedlich lang laufenden Bundesanleihen.

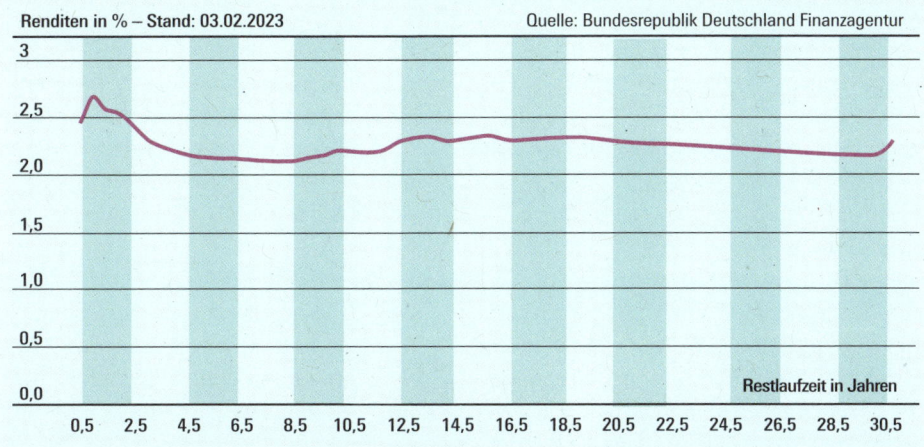

Renditen in % – Stand: 03.02.2023 — Quelle: Bundesrepublik Deutschland Finanzagentur — Restlaufzeit in Jahren

len Zinskupons ist ein Ausgleich für die künftige Inflation nämlich enthalten. Nur wenn die Inflation stärker steigt, lohnt sich eine inflationsgeschützte Anleihe.

Fachleute nennen die Rendite nach Abzug der Teuerungsrate (Inflation) die „reale Rendite". Bei den Bundeswertpapieren ohne Inflationsschutz erhalten Anleger dagegen die „nominale Rendite". Das ist die Rendite vor Abzug der Inflation, und diese kann bei einer stark anziehenden Inflation negativ werden.

Die jährlichen Zinszahlungen berechnen sich dann nach der Formel

Nennwert
x Kupon
x Indexverhältniszahl am Zinstermin
= **Zinszahlung**

Beispiel: Bei einem Zinskupon von 0,5 Prozent und einer Indexverhältniszahl von 1,0232 würde der Inhaber einer inflationsindexierten Bundesanleihe eine Zinszahlung von 0,51 Prozent erhalten.

Grundlage für die Indexverhältniszahl ist der unrevidierte harmonisierte Verbraucherpreisindex (HVPI) ohne Tabak. Er wird vom Statistischen Amt der Europäischen Gemeinschaft (Eurostat) ermittelt und monatlich veröffentlicht. Die relative Veränderung dieser Inflationsindexzahl über ein Jahr ergibt die jährliche Inflationsrate in Euroland.

Auch die Rückzahlung wird um die Indexverhältniszahl angepasst, mindestens aber wird der Nennwert gezahlt. Im Falle einer Deflation und damit einer Indexverhältniszahl, die kleiner als 1 ist, würde also keine Rückzahlung unter dem Nennwert erfolgen.

Beispiel: Ein Anleger, der 10 000 Euro angelegt hat, erhält bei Fälligkeit und einer Indexverhältniszahl von 1,0413 dann 10 413 Euro zurück.

Grüne Bundeswertpapiere

Seit 2020 begibt der deutsche Staat auch sogenannte grüne Anleihen. Grüne Wertpapiere zeichnen sich dadurch aus, dass ihre Emissionserlöse Ausgaben im Bundeshaushalt zugeordnet werden, die eine ökologische Wirkung entfalten. Jedes grüne Bundeswertpapier hat einen Zwilling – ein klassisches (konventionelles) Bundeswertpapier mit sehr ähnlichen Eigenschaften.

Ein Tenderverfahren hat nichts mit Dampflokomotiven zu tun.

Bundeswertpapiere werden in der Regel im Rahmen einer Auktion vergeben, die Tenderverfahren genannt wird. Ausschließlich Kreditinstitute, die von der Finanzagentur als Teilnehmer der Auktion zugelassen wurden, dürfen in diesem Verfahren als Bieter auftreten. Andere Kreditinstitute, professionelle oder private Anleger können Banken der Bietergruppe mit der Abgabe von Geboten beauftragen. Die Gebote müssen auf einen Nennbetrag von mindestens 1 Million Euro lauten und sollen den Kurs in Prozent angeben, zu dem die Bieter bereit sind, die angebotenen Bundeswertpapiere zu kaufen.

Die Termine für die Emission der jeweiligen Bundeswertpapiere werden in einem Emissionskalender bereits zum Ende des Vorjahres für das folgende Kalenderjahr bekannt gemacht. Die Kupons werden hingegen erst kurz vor der Emission entsprechend dem dann aktuellen Zinsniveau festgelegt.

Pfandbriefe

Pfandbriefe sind besonders besicherte Anleihen. Sie gelten als ähnlich sicher wie Bundesanleihen, sind aber weniger flexibel und bieten leicht höhere Renditen.

Der erste Pfandbrief wurde vor rund 250 Jahren von Friedrich II. herausgebracht. Er wollte damit den durch teure Rüstungsausgaben aufgeblähten preußischen Staatshaushalt sanieren. Da Europas Banken nach einigen Staatsbankrotten die Lust verloren hatten, verschwenderische Monarchen mit billigen Krediten zu finanzieren, verlangten sie handfeste Sicherheiten.

Die Sicherheit von Pfandbriefen

Pfandbriefe sind Schuldverschreibungen von Banken. Anders als normale Bankanleihen sind sie jedoch mit Sicherheiten hinterlegt. Als Sicherheiten infrage kommen bei Pfandbriefen ausschließlich Immobilienkredite, Darlehen an Staaten, Länder und Gemeinden sowie Schiffsfinanzierungen. Das deutsche Pfandbriefgesetz lässt daneben auch Flugzeugpfandbriefe zu.

Diese Sicherheiten bedeuten einen besonderen Schutz, falls die Bank insolvent wird. Für jede Pfandbriefart – Hypothekenpfandbriefe, öffentliche Pfandbriefe und Schiffspfandbriefe – bildet die Bank eine eigene Deckungsmasse, in der sie die entsprechenden Kredite verwaltet. Wenn ein Kreditnehmer seine Raten nicht mehr zahlt und sein Kredit als Sicherheit wertlos wird, kann die Bank diesen gegen einen neuen Kredit austauschen. Hinter jedem modernen Pfandbrief steckt somit ein Dreiecksgeschäft zwischen einer Bank, einem Kreditnehmer und einem Anleger. Die Bank finanziert einen Hypothekenkredit und refinanziert sich durch Ausgabe von Anleihen.

Bis 2005 durften nur Hypothekenbanken, die sich ausschließlich mit der Beleihung von Immobilien und der Refinanzierung befassten, sowie öffentlich-rechtliche Kreditanstalten und Landesbanken Pfandbriefe auf den Markt bringen. Das hat sich mit dem Inkrafttreten des Pfandbriefgesetzes geändert. Seitdem kann jedes Kreditinstitut Pfandbriefe herausgeben, wenn es über ein Kernkapital von mindestens 25 Millionen Euro verfügt, eine Erlaubnis der Bundesanstalt für Finanzdienstleistungsaufsicht besitzt und weitere gesetzliche Vorgaben hinsichtlich Steuerung, Überwachung und Kontrolle von Risiken einhält.

Es werden im Wesentlichen zwei Varianten unterschieden: private Hypothekenpfandbriefe und öffentliche Pfandbriefe.

▶ **Mit privaten Hypothekenpfandbriefen** finanzieren die Herausgeber der Pfandbriefe vor allem Immobiliendarlehen an Hausbesitzer. Die dafür von den Darlehensnehmern als Sicherheit gestell-

PFANDBRIEFE

Geeignet für mittelfristig orientierte Anleger als sichere Basisanlage.

PRO

Pfandbriefe bieten meistens eine bessere Rendite als die vergleichbar sicheren Bundeswertpapiere. Sie greifen auf andere Sicherungssysteme als zum Beispiel Festgeldanlagen bei Banken zurück und können somit der Risikostreuung dienen.

CONTRA

Die Renditen von Pfandbriefen sind aufgrund ihrer hohen Sicherheit ebenso wie Bundeswertpapiere relativ gering. Pfandbriefe lassen sich aber schwerer als Bundesanleihen vorzeitig verkaufen.

ten Grundpfandrechte (Hypotheken und Grundschulden) dienen als „Pfand" für die Anleger, die einen solchen Pfandbrief kaufen.

▸ **Öffentliche Pfandbriefe** dienen der Vergabe von Darlehen an Städte und Kommunen. Hier bietet die allgemeine Leistungs- und Steuerkraft einer öffentlichen Körperschaft, also die Garantie durch den Staat, die entsprechende Sicherheit.

In der Finanzkrise hat der Ruf der Pfandbriefe einen kleinen Knacks bekommen. Grund war die Beinahe-Insolvenz der zweitgrößten deutschen Pfandbriefbank, der Hypo Real Estate, im Jahr 2009. Seinerzeit brachen die Kurse von Pfandbriefen ein, und der Börsenhandel wurde zeitweise eingestellt. Die HRE wurde verstaatlicht, es kam nicht zum Ausfall von Pfandbriefen. Als Lehre aus der HRE-Verstaatlichung sind Ratingagenturen dazu übergegangen, nicht mehr nur den Pfandbrief, sondern auch die Bonität der Bank in ihre Bewertung einzubeziehen.

Dass ein Pfandbrief ausfällt und Sie Ihr Geld nicht wiederbekommen, ist unwahrscheinlich. Seit 100 Jahren gab es in dieser Anlageklasse keinen Ausfall. Beachten Sie aber, dass auch die Kurse von Pfandbriefen während der Laufzeit schwanken können. Wollen Sie vermeiden, aufgrund von Schwankungen am Pfandbriefmarkt Ihren Pfandbrief nicht zum Nennwert verkaufen zu können, sollten Sie einzelne Pfandbriefe daher nur kaufen, wenn Sie diese bis zur Fälligkeit halten können. Die meisten Pfandbriefe sind ohnehin nicht liquide und können meist gar nicht während der Laufzeit verkauft werden.

Die Laufzeiten von Pfandbriefen betragen in der Regel acht bis zwölf Jahre.

Pfandbriefe versus Bundesanleihen

Mit Pfandbriefen ließen sich in der Vergangenheit höhere Renditen erzielen als mit Bundesanleihen vergleichbarer Laufzeit. Die Grafik zeigt die Umlaufrendite von Papieren mit einer Laufzeit von zehn Jahren.

Jumbo-Pfandbriefe sind flexibler

Um für eine größere Transparenz bei den Pfandbriefemissionen zu sorgen, sind Banken seit Mitte der 1990er-Jahre dazu übergegangen, nur noch sogenannte Jumbo-Pfandbriefe („Jumbos") herauszugeben, deren Volumen mindestens eine Milliarde Euro ausmachen muss. Daneben muss ein sogenanntes Market-Making gewährleistet sein. Das bedeutet, dass sich mindestens fünf Banken gegenüber dem Herausgeber verpflichtet haben, an der Börse An- und Verkaufskurse zu stellen. Das sorgt für marktgerechte Kurse und einen liquiden Handel.

Unternehmensanleihen

Auch Industrieunternehmen finanzieren sich häufig über die Ausgabe von Anleihen. Das ist für sie oft günstiger, als wenn sie einen Kredit bei einer Bank aufnehmen würden.

Werden Anleihen von deutschen Unternehmen oder ihren ausländischen Töchtern sowie von internationalen Unternehmen begeben, nennt man diese „Unternehmensanleihen" oder auch englisch „Corporate Bonds". Unternehmen wählen den Weg der Finanzierung über die Börse, wenn sie sich dort günstiger als mit einer Kreditaufnahme bei Banken finanzieren können. Auch verlangen Banken bei Darlehen grundsätzlich Sicherheiten, die junge Unternehmen möglicherweise noch nicht bieten können oder die auch größere Unternehmen nicht geben wollen.

Bis vor Ausbruch der Finanz- und Staatsschuldenkrise galten Unternehmensanleihen wegen ihres Insolvenzrisikos grundsätzlich als weniger sicher als Staatsanleihen und Pfandbriefe. Entsprechend mussten Unternehmen, die sich von Anlegern Geld leihen wollten, diesen wesentlich höhere Zinsen zahlen. Nachdem Anleger aber vor allem im Fall Griechenlands gesehen haben, dass auch die Rückzahlung von Staatsanleihen ausfallen kann, hat ein Umdenken eingesetzt. Anleger schauen jetzt genauer auf den einzelnen Emittenten und ziehen mitunter Anleihen solider Unternehmen den Papieren hoch verschuldeter Staaten vor. Wenn dies dann zu einer verstärkten Nachfrage nach Anleihen von großen Unternehmen wie Siemens, Deutsche Telekom oder BMW führt, bringen solche Papiere teilweise nur wenig mehr Rendite als eine Bundesanleihe.

Bonität ist das A und O

Die finanzielle Situation der Unternehmen, die Anleihen ausgeben, ist höchst unterschiedlich. Das Feld reicht von international bekannten Großkonzernen bis hin zu relativ kleinen und unbekannten nationalen Firmen. Entsprechend unterschiedlich ist das Risiko, dass das Unternehmen seinen Zahlungspflichten nicht mehr nachkommen kann. Anhand der ↗ Benotung der Ratingagenturen können Sie einschätzen, wie kreditwürdig Firmen sind. Diese Ratings geben jedoch nur einen Hinweis auf die Finanzkraft eines Unternehmens. Wie immer bei der Geldanlage sind auch bei der Anlage in Unternehmensanleihen Risiko und Ertragschancen eng miteinander verknüpft. Je höher das Risiko ist, dass der Emittent in eine wirtschaftliche Schieflage gerät und damit Zins- oder Rückzahlungen des geliehenen Geldes ausfallen, umso höher sind die Ertragschancen.

Zur Benotung der Ratingagenturen siehe die Tabelle „Die Notenskala der Bonitätsprüfer", S. 100.

Hochzinsanleihen – High-Yield-Bonds

Anleihen von Unternehmen schlechterer Bonität werden als „Hochzins-" oder „High-Yield-Anleihen" bezeichnet. Die Unternehmen sind oft schon bei der Emission der Anleihe hoch verschuldet. In den Bewertungen der Ratingagenturen sind diese im „Non-Investment-Grade-Bereich" angesiedelt. In diesem Bereich finden sich auch Anleihen von Staaten mit schlechter Bonität wie zum Beispiel Griechenland oder Venezuela. Aufgrund ihrer geringen Kreditwürdigkeit und hohen Ausfallwahrscheinlichkeit müssen diese Emittenten wesentlich höhere Zinsen zahlen als solche aus dem Investment-Grade-Bereich. Mitunter spricht man auch von „Schrottanleihen" oder „Junk-Bonds".

Darüber hinaus schwanken die Kurse von Hochzinsanleihen während der Laufzeit stärker. Das muss nicht immer an einer Verschlechterung der Kreditwürdigkeit des Emittenten oder einer Veränderung des Marktzinses liegen: Große Investoren verkaufen riskante Hochzinsanleihen auch schnell, wenn an den Finanzmärkten zum Beispiel über die globale Wirtschaftslage Unsicherheit herrscht, und flüchten in Staatsanleihen von wirtschaftlich starken Ländern wie beispielsweise Deutschland oder die USA. Dann können die Kurse von Hochzinsanleihen stark einbrechen wie auf dem Höhepunkt der Finanzkrise 2008, als die Kurse teilweise um über 30 Prozent nachgaben.

Aufgrund der Niedrigzinsphase der letzten Jahre haben viele Investoren Hochzinsanleihen verstärkt als Alternativen zu schlecht verzinsten Bankeinlagen und Anleihen aus dem Investment-Grade-Bereich gesehen. Die höhere Nachfrage führte dazu, dass sich Unternehmen mit schlechterer Bonität leichter an den

UNTERNEHMENSANLEIHEN INVESTMENT GRADE

Geeignet für risikobereitere Zinsanleger, die höhere Zinsen als auf Festgeld- oder Bundesanleiheniveau suchen.

PRO

Anleihen von Unternehmen mit sehr gutem bis gutem Rating bieten derzeit Renditeaufschläge von bis zu einem Prozentpunkt gegenüber einer vergleichbaren Bundesanleihe.

CONTRA

Selbst mit der Benotung „Investment Grade" bestehen Ausfallrisiken bei Unternehmensanleihen. Diese sind oft gegenüber einer einlagengesicherten Festgeldanlage nicht ausreichend verzinst.

UNTERNEHMENSANLEIHEN
NON-INVESTMENT GRADE

Geeignet für spekulative Anleger, die höhere Zinserträge suchen.

PRO

Hochzinsanleihen von Unternehmen (oder Staaten) mit schlechter Bonität bieten mitunter deutlich höhere Renditechancen als Anleihen des Investment-Grade-Bereichs.

CONTRA

Die Ausfallrisiken sind extrem hoch. Auch ein Totalverlust ist möglich. Sicherer ist es, in High-Yield-Fonds zu investieren.

Wenn Sie trotz des Risikos in Hochzinsanleihen investieren wollen, sollten Sie mit Rentenfonds beginnen, die ihr Geld auf Hochzinsanleihen von Unternehmen aus verschiedenen Regionen verteilen, sogenannten ⬈ High-Yield-Fonds. Auch die Fonds sollten in einem gut gestreuten Depot nur beigemischt werden. Informieren Sie sich über die Anlageschwerpunkte und erkundigen Sie sich, inwieweit das Währungsrisiko – die Anleihen notieren oft in Dollar – abgesichert ist. Das hilft Ihnen, die Risiken besser einzuschätzen.

Mittelstandsanleihen

Eine Spielart von High-Yield-Bonds sind sogenannte Mittelstandsanleihen. Diese feierten hierzulande 2010 Premiere. Die Idee hinter

> ❝ **Anleger gehen mit Anleihen mittelständischer Unternehmen ein hohes Risiko ein.**

Kapitalmärkten Geld zu günstigeren Konditionen leihen konnten. Aufgrund des gestiegenen allgemeinen Zinsniveaus wird es für diese Unternehmen schwieriger werden, Anschlussfinanzierungen zu finden, um die Gläubiger (Anleger) laufender Anleihen zu befriedigen. Das könnte zu verstärkten Insolvenzen und damit Ausfällen bei den High-Yield-Anleihen führen.

Mittelstandsanleihen klingt zunächst vielversprechend: Kleine Unternehmen erhalten über an Wertpapierbörsen gehandelte Anleihen eine Alternative zu teureren Bankkrediten, und Anlegern winkt im Gegenzug eine hohe Verzinsung. Je bekannter die Marke bei deutschen Anlegern war und je höher die in Aussicht gestellten Zinsen, desto einfacher konnten die Papiere anfangs verkauft werden.

Dem regelrechten „Hype" der Mittelstandsanleihen zwischen 2010 und 2014, als die meisten Papiere begeben wurden, folgte die Ernüchterung. Nach einigen spektakulären Insolvenzen teils bekannter Unternehmen wie der Bekleidungsmarke Strenesse, des Suppenherstellers Zamek, des Herstellers von Holzbrennstoffen German Pellets und der MS Deutschland Beteiligungsgesellschaft, der das fernsehbekannte „Traumschiff" gehörte, fielen Zinszahlungen und Kapitalrückzahlungen an die Anleger aus. Nach einer Studie der Beratungsgesellschaft Capmarcon aus dem Jahr 2016 waren fast 30 Prozent des bei Anlegern insgesamt platzierten Anleihevolumens von rund 6 Milliarden Euro „leistungsgestört". Diese Anleihen wurden also gar nicht oder nur zu einem Teil zurückgezahlt. Vor allem Anleiheherausgeber aus dem Bereich der erneuerbaren Energien waren dabei häufig von Insolvenzen betroffen.

Anleger gehen mit Anleihen mittelständischer Unternehmen ein hohes Risiko ein. Sie sollten sie höchstens als geringe, spekulative Beimischung im Depot einsetzen.

Kaufen Sie nur Investment Grade

Die Bonität ist das A und O, wenn Sie Unternehmensanleihen kaufen. Informieren Sie sich immer über die Zahlungsfähigkeit des Unternehmens, dem Sie einen Kredit geben. Kaufen Sie nur Anleihen mit der Güteklasse „Investment Grade", wenn Sie sichere festverzinsliche Anlagen suchen. Zwar bestehen auch in diesem Bereich Ausfallwahrscheinlichkeiten. Sie sind aber

weit geringer als bei Unternehmen, die mit „Non-Investment Grade" eingestuft sind. Wenn Sie dennoch in diese sogenannten Hochzinsanleihen investieren wollen, sollten sie nur der Beimischung dienen, also nicht mehr als 5 bis 10 Prozent Ihrer riskanten Anlagen ausmachen. Interessant sind auch Emittenten, die nicht mehr erstklassig sind, aber erfolgreich sanieren oder die bald in die obere Ratingklasse aufsteigen. Hier sind dann Kursgewinne möglich.

Bankschuldverschreibungen

Banken und Sparkassen verschaffen sich mitunter durch die Ausgabe von Anleihen Geld, das sie als Kredite an Kunden weiterreichen.

Auch Banken und Sparkassen geben Anleihen mit festen Zinsen heraus. Sie haften dafür mit ihrer Finanzkraft und ihrem Eigenkapital.

BANKSCHULD-VERSCHREIBUNGEN

Geeignet für Anleger, die eine größere Summe mittel- bis längerfristig vergleichsweise sicher anlegen wollen und sie vor Ende der Laufzeit nicht benötigen.

PRO

Es gibt eine breite Palette unterschiedlicher Laufzeiten und Herausgeber. Die Rendite ist etwas höher als bei Bundeswertpapieren.

CONTRA

Ein unübersichtliches Angebot erschwert den Vergleich. Ein Verkauf vor Laufzeitende ist kaum oder nur zu schlechten Kursen möglich.

Daher sind sie nicht ganz so sicher wie Pfandbriefe oder Bundeswertpapiere. Bankschuldverschreibungen dienen der kurz-, mittel- und langfristigen Refinanzierung der Banken. Sie werden von den meisten größeren Kreditinstituten mit unterschiedlichsten Laufzeiten angeboten. Die Renditen liegen oft nur geringfügig über der von Bundeswertpapieren.

Nur wenige Bankschuldverschreibungen sind börsennotiert. Vor allem kleinere Institute verzichten auf die damit verbundenen Kosten und organisieren einen „hausinternen" Handel. Dies hat für den Anleger den Nachteil, dass sich diese Anleihen kaum vorzeitig verkaufen lassen. Zwar versuchen manche Banken, dieses Manko durch einen hausinternen Handel auszugleichen – die Kurse sind jedoch nicht immer marktgerecht.

Man unterscheidet bei Bankschuldverschreibungen zwischen Inhaber- und Namensschuldverschreibungen.

▶ **Eine Namensschuldverschreibung** wird auf den konkreten Namen des Besitzers ausgestellt. Dieser ist Gläubiger gegenüber dem Emittenten und diesem namentlich bekannt. Eine Übertragung einer Namensschuldverschreibung auf andere Personen ist nicht ohne weiteres möglich, und diese Papiere können nicht an der Börse gehandelt werden (sogenannte fehlende Fungibilität). Sparbriefe sind oft Namensschuldverschreibungen.

▶ **Eine Inhaberschuldverschreibung** ist ein verzinsliches Wertpapier, das mit einer Inhaberklausel versehen ist, der Inhaber wird nicht namentlich genannt. Wertpapiere, bei denen von vornherein feststeht, dass sie vermutlich weiterverkauft werden oder dass ein Handel mit ihnen stattfinden soll, werden daher in der Regel als Inhaberschuldverschreibung ausgestaltet. Börsengehandelte Anleihen sind daher meist Inhaberschuldverschreibungen.

Spezielle Anleiheformen

Es gibt auch einige Anleihevarianten, bei denen der Zinssatz nicht immer konstant ist oder deren Rückzahlung an bestimmte Bedingungen geknüpft ist.

Sie haben bisher „normale" Anleiheformen kennengelernt, die auch als „Straight Bonds" bezeichnet werden. Der Zinssatz dieser Anleihen ist über die gesamte Laufzeit hinweg konstant, und sie werden bei Fälligkeit in einer Summe zurückgezahlt. Beim Kauf der Anleihe lässt sich errechnen, welchen Ertrag Sie erzielen, wenn Sie das Papier bis zum Ende seiner Laufzeit halten. Neben diesen klassischen Straight Bonds gibt es noch zahlreiche Anleihevarianten.

die dem Nennwert entspricht. In dieser Differenz sind die Zinsen und Zinseszinsen eingepreist. Oder anders ausgedrückt: Der Kaufpreis eines Zerobonds entspricht dem abgezinsten Rückzahlungspreis.

Beispiel: Ein Zerobond kostet bei der Ausgabe 800 Euro. Der Anleger erhält nach zehn Jahren zum Fälligkeitstermin 1000 Euro zurückbezahlt. Dies entspricht einer laufenden Verzinsung von 2,26 Prozent.

Abgezinste Anleihen (Zerobonds)

Zerobonds, auf Deutsch „Nullkuponanleihen", haben – wie der Name sagt – keine laufende Verzinsung. Die Rendite dieser Papiere resultiert allein aus der Differenz zwischen dem Anlagebetrag und der Rückzahlungssumme,

Zwar müssen Sie sich bei Zerobonds nicht wie bei normalen Anleihen während der Laufzeit um die Wiederanlage der Zinsen kümmern. Sie reagieren aber sehr stark auf Veränderungen der allgemeinen Marktzinsen. Das heißt, Sie können hohe Kursverluste erleiden, wenn

FLOATER

Geeignet für sicherheitsorientierte Anleger, die mit steigenden Marktzinsen rechnen. Der Floater sollte höhere Zinsen als kurzfristige Festgelder oder Tagesgeld bieten.

PRO

Erhöht die Europäische Zentralbank die Zinsen, steigt auch der Zinssatz des Floaters.

CONTRA

Viele Floater von Bundesländern oder Landesbanken werden kaum gehandelt. Ein Kauf oder Verkauf über die Börse ist schwierig. Senkt die EZB die Zinsen, sinkt auch der Zinssatz des Floaters.

das Zinsniveau steigt und Sie während der Laufzeit verkaufen müssen.

Zerobonds können für Privatanleger steuerlich interessant sein, wenn sie steuerpflichtige Erträge in spätere Jahre verschieben wollen, weil zum Beispiel im Ruhestand die Gesamteinkünfte geringer sind. Denn eine Versteuerung der Erträge erfolgt erst bei Fälligkeit oder bei einem vorherigen Verkauf. Umgekehrt kann ein Zerobond steuerlich nachteilig sein, wenn bei Fälligkeit oder Verkauf der gesamte, während der Haltedauer erzielte Kursgewinn in einer Summe versteuert werden muss und Anleger damit ihren Sparerpauschbetrag überschreiten.

Aufgezinste Anleihen

Ähnlich wie Zerobonds, nur umgekehrt, funktionieren Kapitalzuwachsanleihen. Bei dieser Variante erfolgt die Ausgabe der Anleihe zum Nennwert, das heißt zu 100 Prozent, und bei Fälligkeit erhalten Anleger den Nennwert zuzüglich aufgelaufener Zinsen und Zinseszinsen ausgezahlt. Das Kapital wächst also mit der Laufzeit, und die Zinsen werden angesammelt und mitverzinst.

Floater

Floating Rate Notes, kurz Floater, haben im Gegensatz zu herkömmlichen Anleihen keinen festen, sondern einen variablen Zinssatz, der an einen bestimmten Referenzzinssatz gekoppelt ist. Häufig ist dies der 3- oder 6-Monats-Euribor. Euribor steht für „European Interbank Offered Rate" und ist der Zinssatz, zu dem sich europäische Banken untereinander Kredite geben. Erhöht die Europäische Zentralbank die Zinsen, steigt der Euribor und die Zinsen des Floaters ziehen nach. Sinken die Referenzzinsen, sinken allerdings auch die des Floaters.

Weil der Zins von Floatern regelmäßig an die Marktzinsentwicklung angepasst wird, notiert der Kurs dieser Anleihen immer nahe dem Rückzahlungskurs. Lediglich zwischen zwei Zinsterminen kann es leichte Kursschwankungen geben. Doch zum nächsten

Zinstermin sind die Schwankungen wieder ausgeglichen. Kursverluste, wie sie bei Festzinsanleihen in Zeiten steigender Zinsen auftreten, sind daher so gut wie ausgeschlossen.

Unternehmensfloater haben oft eine höhere Liquidität als Floater, die von Bundesländern, Landesbanken oder Geschäftsbanken herausgegeben werden, aber auch ein höheres Kursrisiko. Denn bei ihnen ist die Gefahr größer, dass Ratingagenturen ihre Zahlungsfähigkeit schlechter einstufen.

Von den klassischen Floatern gibt es noch viele Varianten, zum Beispiel:

- **Reverse-Floater:** Auch bei diesen Papieren wird der Zins in regelmäßigen Abständen an einen Referenzzinssatz angepasst. Der Unterschied zum Floater ist, dass dies unter umgekehrten Vorzeichen geschieht. Der variable Zinssatz ergibt sich aus der Differenz zwischen einem festgelegten Basiszins und dem Referenzzins (zum Beispiel Euribor, Libor). Je stärker der Referenzzins fällt, desto höher ist die Verzinsung des Reverse Floaters.
- **Cap-Floater:** Das sind variabel verzinsliche Anleihen, die mit einer Maximalverzinsung (Cap) versehen sind.
- **Floor-Floater:** Diese sind im Unterschied zum Cap-Floater mit einem Mindestzins ausgestattet. Auch wenn der Referenzzins den Mindestsatz (Floor) unterschreitet, hat der Anleger Anspruch auf den Mindestzins.
- **Gemischte Floater:** Hierbei handelt es sich um Anleihen mit anfänglich fester,

WANDEL-ANLEIHEN

Geeignet für vermögendere Anleger, die mit begrenztem Risiko bei gleichzeitig eingeschränkten Gewinnchancen auf die Kursentwicklung einzelner Aktien setzen wollen.

PRO

Dadurch, dass Anleger das Recht haben, die Anleihe in Aktien des Unternehmens zu tauschen, können sie von steigenden Aktienkursen profitieren. Die Anleihekomponente sichert Anleger auch bei fallenden Aktienkursen.

CONTRA

Die Verzinsung von Wandelanleihen ist geringer als die von „normalen" Anleihen.

nach einer bestimmten Zeit dann variablen Verzinsung oder umgekehrt.

Stufenzinsanleihen

Stufenzinsanleihen sind mit einer Zinstreppe ausgestattet. Das heißt, der Zinssatz steigt an fest vereinbarten Terminen an. Es steht also

Checkliste

Wandelanleihen prüfen

☐ **Bonität:** Achten Sie auf die Kreditwürdigkeit des Unternehmens,
das die Anleihe herausgibt. Die
Bewertungen der Ratingagenturen
geben Aufschluss.

☐ **Aussichten:** Kaufen Sie Wandelanleihen nur, wenn Sie von dem
Unternehmen überzeugt sind, in
dessen Aktien Sie tauschen können.

☐ **Kursverhalten:** Am besten funktionieren Wandelanleihen, wenn
die Aktien, auf die sie sich beziehen, ungefähr so viel wert sind
wie ihr Wandlungspreis.

☐ **Eigenschaften:** Jede Anleihe ist
anders ausgestaltet. Lesen Sie
deshalb die Bedingungen. Sie finden darin wichtige Details wie Informationen darüber, ob das Unternehmen sich eine vorzeitige
Kündigung der Anleihe vorbehält
oder die Umtauschmöglichkeit
zeitlich beschränkt ist.

von Anfang an fest, welche Zinsen über die gesamte Laufzeit fällig werden. Mit dem steigenden Zins will der Herausgeber sicherstellen,
dass der Anleger die Anleihe bis zum Laufzeitende hält.

Oftmals lassen sich Anleger von den hohen
Zinssätzen blenden, die am oberen Ende der
Zinstreppe winken. Um Stufenzinsanleihen
mit anderen festverzinslichen Anlagen gleicher Laufzeit vergleichen zu können, sollten
Sie auf die effektive Rendite achten, die sämtliche Zinszahlungen (auch die anfangs kleinen)
während der Laufzeit berücksichtigt.

Achtung bei einseitigem Kündigungsrecht

Oft behält sich der der Herausgeber –
in der Regel Banken – bei Stufenzinsanleihen ein einseitiges Kündigungsrecht
vor. Es besteht also die Gefahr, dass die
Bank die Anleihe kündigt und zurückzahlt, bevor die Zinsen wirklich interessant werden. Banken haben dieses
Kündigungsrecht in der Vergangenheit
gern genutzt, wenn das Zinsniveau gefallen ist. Das ist ärgerlich und macht
solche Papiere unattraktiv.

Wandelanleihen

Wandelanleihen (Convertible Bonds) sind festverzinsliche Wertpapiere, die von Aktienge-
sellschaften ausgegeben werden und bei denen Anlegern zusätzlich das Recht eingeräumt
wird, die Anleihe innerhalb einer bestimmten
Frist in Aktien des Herausgebers der Anleihe

umzutauschen. Ist dieser nicht mit der Aktiengesellschaft identisch, deren Aktien als Basiswert für die Wandelanleihe dienen, spricht man von Umtauschanleihen. Die Wandel- oder Umtauschbedingungen – wann getauscht werden kann, in welchem Verhältnis und zu welchem Preis – sind wie der Zinssatz von vornherein festgelegt. Der Zinssatz von Wandelanleihen ist meist niedriger als bei normalen Unternehmensanleihen.

Der Anleihebesitzer hat die Wahl: Er kann Gläubiger des Unternehmens – also Anleiheinhaber – bleiben. Dann erhält er am Ende der Laufzeit, die meist drei bis fünf Jahre beträgt, sein investiertes Geld zurück. Daneben erhält er die meist jährlichen Zinszahlungen. Er kann aber auch von seinem Wandlungsrecht Gebrauch machen und damit Miteigentümer – also Aktionär – des Unternehmens werden. Übt der Anleger sein Wandlungsrecht aus, existiert die Anleihe nicht mehr. Sie ist quasi Zahlungsmittel für den Kauf der Aktien. Ein Umtausch empfiehlt sich zum Beispiel dann, wenn die Anleihe bald fällig wird und gleichzeitig die Aktien des Unternehmens über dem Wandlungspreis notieren. Dann bekommt der Anleger mehr als den Nennwert der Anleihe.

Die Konstruktion von Wandelanleihen hat einen gewissen Charme. Mit ihnen können Anleger an einem Börsenaufschwung teilhaben, selbst wenn sie nicht wandeln. Steigt die Aktie, notiert die Wandelanleihe häufig über dem Nennwert von 100 Prozent. Ein vorzeitiger Verkauf der Anleihe bringt dann Kursgewinne. Zugleich sichert die Anleihekomponente den Anleger gegen Verluste.

Dennoch gilt für Wandelanleihen wie für alle von Unternehmen ausgegebenen Anleihen: Anleger sollten sich über die Zahlungsfähigkeit der Firma informieren. Bei klassischen Unternehmensanleihen lässt sich das Risiko der Anlage und damit die Bonität des Emittenten am Zinssatz der Anleihe abschätzen: Je größer das Risiko, desto höher der Zins. Bei Wandelanleihen hingegen sind in die Zinssätze die Kosten der Umtauschoption zum Zeitpunkt der Emission eingerechnet. Sowohl die Bonität des Herausgebers als auch der Wert des Tauschrechts können sich während der Laufzeit der Anleihe verändern, was sich dann in Kursveränderungen der Wandelanleihe bemerkbar macht. Im Wert des Tauschrechts spiegeln sich das Schwankungsverhalten der Aktie, der aktuelle Aktienkurs und die Restlaufzeit der Anleihe wider.

In den Wandlungsbedingungen ist festgelegt, wie viele Aktien Anleger im Tauschfall für ihre Anleihe erhalten. Je nach Ausstattung der Anleihe wird entweder eine feste Stückzahl von Aktien pro Anleihebetrag, das sogenannte Wandlungsverhältnis, bestimmt oder ein fester Preis pro Aktie. Ist nur das Wandlungsverhältnis angegeben, lässt sich der Wandlungspreis leicht berechnen, indem man den Nennwert der Anleihe durch die Zahl der zu beziehenden Aktien teilt.

Beispiel: Beträgt der Nennwert der Anleihe 1000 Euro und das Wandlungsverhältnis 5 zu 1, ist der Wandlungspreis pro Aktie (1000 Euro : 5 =) 200 Euro. Steigt der Kurs der Aktie über 200 Euro,

Die Insolvenzreihenfolge

Geht ein Unternehmen pleite, das verschiedene Arten von Anleihen und Aktien herausgegeben hat, werden – sofern noch möglich – zuerst die Besitzer klassischer Anleihen bedient. Nachfolgende Anleihegläubiger und zuletzt Aktionäre erhalten nur etwas, wenn für sie noch ein Stück vom Kuchen übrig bleibt.

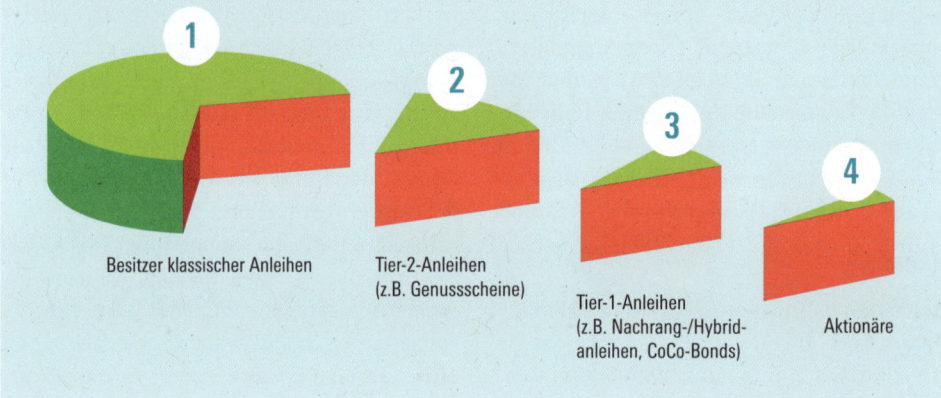

1 Besitzer klassischer Anleihen

2 Tier-2-Anleihen (z.B. Genussscheine)

3 Tier-1-Anleihen (z.B. Nachrang-/Hybridanleihen, CoCo-Bonds)

4 Aktionäre

wird also eine Wandlung der Anleihe in Aktien *interessant.*

Contingent Convertible Bonds (CoCo-Bonds)

Eine besondere Spielart der Wandelanleihen sind die noch relativ neuen CoCo-Bonds. Diese sind entgegen ihrem spielerisch klingenden Namen riskante Papiere und nur für Anlageprofis geeignet. Contingent Convertible Bonds, übersetzt „ungewiss wandelbare Anleihen", sind nachrangige Anleihen, die insbesondere von Banken begeben werden. Treten bestimmte vorher festgelegte Bedingungen ein, wandeln diese Anleihen (Fremdkapital aus Sicht des herausgebenden Unternehmens) sich in Aktien (Eigenkapital). Dadurch verbessert sich die Eigenkapitalausstattung des Unternehmens, wenn es diesem schlechter geht und Verluste auszugleichen sind. Für Banken, die eine Mindest-Eigenkapitalquote aufweisen müssen, bieten CoCos die Möglichkeit, ihre Verbindlichkeiten (aus Anleihen) in Eigenkapital (Aktien) umzuwandeln und sich so gegen Krisen abzufedern, ohne dass der Steuerzahler einspringen muss. Denn dann haften vorrangig die Aktionäre, indem diese – je nach Ausgestaltung des CoCos – keine Dividenden mehr erhalten oder ihre Aktien ganz abschreiben können.

Coco-Bonds können hinsichtlich des Wandlungsfalls verschieden ausgestaltet sein:

Zum Beispiel können sie sich in Aktien umwandeln, wenn die Eigenkapitalquote ihres Herausgebers unter einen bestimmten Wert sinkt.

Der Markt für CoCo-Bonds ist von seinem Volumen her noch überschaubar. Wegen ihres hohen Risikos sind bei CoCos hohe Renditeaufschläge auf „normale", vorrangige Anleihen desselben Emittenten üblich. Auf der anderen Seite besteht für Anleger aber auch ein Totalausfallrisiko.

🙶 Aufgrund der vielen Risiken sollten Sie Hybridanleihen Ihrem Depot höchstens beimischen.

Hybridanleihen (Nachranganleihen)

Das Wort „hybrid" kennen viele von Autos, die mit Antrieben aus Elektro- und Verbrennungsmotor fahren. Hybridanleihen vereinen ebenfalls zwei Eigenschaften: anleihe- und aktienähnliche.

Aktienähnlich sind sie, da es sich um nachrangige Anleihen handelt. Nachrangig bedeutet, dass bei einer Insolvenz des Unternehmens Anleiheinhaber erst nach allen anderen Gläubigern befriedigt werden, also erst alle anderen Verbindlichkeiten des Unternehmens beglichen werden. Hybridanleihen haben anders als gewöhnliche Anleihen keine überschaubare Laufzeit. Einige von diesen Papieren laufen über 100 Jahre oder unbegrenzt.

Die Emittenten haben oft ein Kündigungsrecht, von dem sie frühestens nach fünf Jahren Gebrauch machen dürfen.

Hybridanleihen werden von großen Unternehmen herausgegeben wie Bayer, VW und der Allianz. Der Zins für Hybridanleihen liegt im Schnitt 2 bis 3 Prozent über dem für normale Unternehmensanleihen. Er setzt sich zusammen aus einem Risikoaufschlag gegenüber sicheren Bundesanleihen und einem weiteren Aufschlag für die lange Laufzeit. Die Zahlungen sind oft an die Geschäftsentwicklung gekoppelt. Jede Anleihe ist unterschiedlich ausgestaltet und birgt damit individuelle Risiken. So kann beispielsweise die Zinszahlung davon abhängig sein, dass das Unternehmen Dividenden zahlt. Oder die Firma zahlt keine Zinsen, wenn der Cashflow, eine Kennzahl für die Ertragskraft eines Unternehmens, unter einen bestimmten Satz gefallen ist.

Weitere Risiken für Anleger stecken in den langen Laufzeiten. In der Regel zahlen die Unternehmen die Anleihen nach zehn Jahren freiwillig zum Nominalwert zurück. Sie müssen das aber nicht tun. Dann haben die Anleger einen sogenannten Floater im Depot, eine Anleihe mit variabler Verzinsung (zum Beispiel Euribor + Aufschlag).

Schon kleine Veränderungen der Marktzinsen beeinflussen die Kurse der langlaufenden Anleihen stark. Die Kreditwürdigkeit der Firma kann sich während der langen Laufzeit ändern. Ein weiterer Grund zur Vorsicht ist, dass sich die Anleihen nicht ohne weiteres verkaufen lassen. In den Jahren bis zum ersten möglichen Rückzahlungstermin werden die Anlei-

Strukturierte Anleihen
Strukturierte Anleihen sind verzinsliche Wertpapiere, die mit individuellen Zusatzbedingungen ausgestattet sind. Diese Bedingungen können sich auf die Zinszahlung der Anleihen oder deren Rückzahlung auswirken.

hen an der Börse meist noch regelmäßig gehandelt. Später ändert sich das. Dann kann es einige Zeit dauern, ehe der Verkauf abgewickelt wird. Zudem müssen Anleger mit einem Preisabschlag rechnen.

Aufgrund der vielen Risiken sollten Sie Hybridanleihen Ihrem Depot höchstens beimischen.

Tier-Anleihen

Von Kreditinstituten begebene nachrangige Anleihen werden auch nach ihrer Einstufung in der Bilanz unterteilt. Die Bezeichnung „Tier" kommt aus dem Englischen und bedeutet „Rang".

→ **Tier-1-Anleihen:** Diese werden dem Kernkapital zugerechnet. Sie sind unbesichert und haben eine unendliche Laufzeit. Zinsen werden hier nur gezahlt, wenn das Unternehmen Gewinne schreibt. Ausgefallene Zinszahlungen dürfen nicht nachgezahlt werden. Der Emittent kann die Anleihen erstmalig nach fünf Jahren kündigen. Im Insolvenzfall sind Ansprüche aus Tier-1-Anleihen nur gegenüber Aktionären vorrangig, aber nachrangig gegenüber anderen Tier-Anleihen.

→ **Tier-2-Anleihen** werden dem Ergänzungskapital zugerechnet. Upper-Tier-2-Anleihen sind auch als Genussscheine bekannt. Sie haben zumeist eine befristete Laufzeit und zahlen ebenfalls nur dann Zinsen, wenn der Emittent Gewinne erzielt. Lower-Tier-2-Anleihen haben immer eine fixe Laufzeit von mindestens fünf Jahren. Die Zinszahlung darf nur im Konkursfall gestoppt werden.

→ **Tier-3-Anleihen** sind im Insolvenzfall mit den Lower-Tier-2-Anleihen gleichgestellt. Zins- und Tilgungszahlungen werden aber zudem ausgesetzt, wenn das Eigenkapital unter die gesetzliche Mindestanforderung sinkt.

Genussscheine

Genussscheine sind eine Art Zwitterwesen aus Aktien und Anleihe. Oft werden sie an der Bör-

" Genussscheine werden höher verzinst als klassische Anleihen. Damit sollen die Anleger für ihr höheres Risiko entschädigt werden.

se gehandelt. Die meisten Genussscheine in Deutschland werden von Kreditinstituten herausgegeben, aber auch andere Unternehmen, die Kapital brauchen, können sie nutzen, um sich Geld zu beschaffen. Die Rechtsform des Unternehmens kann auch eine GmbH oder eine KG sein. Der Vorteil für die Herausgeber ist, dass sie das eingesammelte Kapital unter bestimmten Voraussetzungen dem Eigenkapital in der Bilanz zuordnen können.

Da gesetzlich nicht geregelt ist, wie Genussscheine auszugestalten sind, bieten sich den Herausgebern dafür vielfältige Möglichkeiten. Generell haben Genussschein-Inhaber – im Gegensatz zu Aktionären – keine Mitwirkungsrechte in Form einer Teilnahme an Haupt- oder Gesellschafterversammlungen. Die Genussrechte für den Anleger sind in den Genussscheinbedingungen genau festgelegt.

Die meisten Genussscheine versprechen einen jährlichen festen Zinsertrag. Allerdings erfolgt die Ausschüttung nicht am Ende des Geschäftsjahres, sondern nach der Hauptversammlung, die den Gewinn oder die Dividende des Unternehmens festlegt. Es gibt aber auch Genussscheine, bei denen die Ausschüttung vom Erfolg des Unternehmens abhängt. Wenn der Emittent einen ausreichenden Jahresüberschuss oder Bilanzgewinn erwirtschaftet hat, bekommt der Anleger eine Zusatzzahlung. Bei einem Genussschein ohne Mindestverzinsung kann hingegen die Ausschüttung ganz ausfallen.

Es gibt Genussscheine, bei denen der Anleger sogar Teile seines eingesetzten Geldes verlieren kann, weil der Rückzahlungsbetrag re-

GENUSSSCHEINE

Geeignet für erfahrene Anleger mit hoher Risikobereitschaft.

PRO

Genussscheine bieten eine höhere Verzinsung als klassische Anleihen und Festgelder.

CONTRA

Die höhere Verzinsung ist in der Regel vom wirtschaftlichen Erfolg des Unternehmens abhängig. Im Insolvenzfall stehen Genussscheininhaber in der Schlange der Gläubiger weit hinten. Ein Totalverlust ist möglich. Viele Genussscheine werden an der Börse kaum gehandelt. Sie können dann nicht jederzeit verkauft werden.

duziert werden kann. Darüber hinaus weisen manche Genussscheine Options- oder Wandlungsrechte auf. Beim Optionsrecht hat der Anleger das Recht, Aktien des Unternehmens zu einem vorher festgelegten Kurs zu kaufen. Der Genussschein selbst verfällt nicht, sondern bleibt bis zur Fälligkeit gültig. Bei Genussscheinen mit Wandlungsrecht kann der Investor bei Fälligkeit entscheiden, ob er sein Geld zurückbekommen möchte oder stattdessen die Wandlung seines Genussscheins in Aktien verlangt.

Genussscheine werden höher verzinst als klassische Anleihen. Damit sollen die Anleger für ihr höheres Risiko entschädigt werden. Denn zum einen wissen sie nicht, wie viel Geld sie jährlich erhalten, weil die Ausschüttung vom Erfolg des Unternehmens abhängig ist. Zum anderen ist das Risiko, dass sie ihr Geld nicht zurückerhalten, höher als bei normalen Anleihen. Denn im Insolvenzfall stehen Genussscheininhaber weiter hinten in der Liste der Gläubiger. Für Anleger sollte deshalb die Bonität des Emittenten eine besondere Rolle spielen. Wenn sie sich verschlechtert, wirkt sich dies sofort auf den Kurs des Genussscheins aus. Kauft ein Anleger einen Genussschein während der Laufzeit zu einem Kurs unter 100 Prozent und erhält bei Fälligkeit eine Rückzahlung zum Nennwert von 100 Prozent, kann er aber auch einen Kursgewinn realisieren.

An den Kursen von Genussscheinen zeigt sich eine weitere Besonderheit dieser Wertpapiere. Im Gegensatz zu „normalen" Anleihen werden bei Genussscheinen keine Stückzinsen ausgewiesen. Stückzinsen sind die Zinsen, die zwischen zwei Zinszahlungsterminen Stück für Stück angesammelt werden und die ein Käufer entsprechend mitzahlen muss. Genussscheine werden hingegen „flat" gehandelt. Die Ausschüttungsansprüche der Anleger fließen in die Notierung des Scheins ein. Je näher die Hauptversammlung des Unternehmens rückt, umso höher ist der Preis. Am Tag der Ausschüttung erfolgt dann ein Kursabschlag in Höhe der Ausschüttung.

Genussrechte und Genussscheine

Wichtig ist, Genussscheine und Genussrechte nicht zu verwechseln: Im Gegensatz zu Genussscheinen sind Genussrechte nicht als Wertpapiere verbrieft. Sie sind gesetzlich nicht fest geregelt. Wie und wann Auszahlungen erfolgen, regeln die Unternehmen in den jeweiligen Genussrechtsbedingungen sehr unterschiedlich. Es handelt sich um nicht gesicherte Kredite, der Anleger ist also Gläubiger, wird aber zugleich ähnlich wie ein Gesellschafter an Gewinnen oder Verlusten beteiligt. Genussrechte werden häufig von kleineren, oft auch dubiosen, Firmen zur Kapitalbeschaffung genutzt.

Genussscheine sind als Wertpapiere oft im Freiverkehr (Open Market) handelbar oder werden, bei börsennotierten Unternehmen, direkt an der Börse gehandelt. Bei Genussrechten ist ein vorzeitiger Verkauf schwierig bis unmöglich, denn für sie gibt es keinen Zweitmarkt. Häufig ist ein Verkauf nur mit Zustimmung des Anbieters möglich. Genussrechte sind hochriskant und nicht für Kleinanleger geeignet.

Der Weg zur Anleihe

Fast jede Bank hat eine Reihe von eigenen und fremden Anleihen im Programm, die sie ihren Kunden anbietet. Meistens lohnt es sich aber, selbst nach dem passenden Wertpapier Ausschau zu halten. Wer ein breit gestreutes Anleihenportfolio aufbauen möchte, hat mit Renten- fonds und -ETF eine bequeme Alternative.

Wo Sie Anleihen kaufen können

Anleihen kann man beim Herausgeber, über eine Bank oder an der Börse kaufen. Privatanleger sollten in der Regel den Weg über die Börse wählen.

Theoretisch können Sie eine Anleihe direkt bei der Emission am „Primärmarkt" erwerben. Die Zeichnungsfrist läuft in der Regel nur ein paar Wochen. In dieser Frist können Sie sozusagen Ihre Bestellung aufgeben. Allerdings haben Privatanleger normalerweise kaum eine Chance, neu begebene Anleihen zu zeichnen. Meist kaufen Großinvestoren wie Versicherungen, Fondsgesellschaften und Banken große Pakete der Emission auf, und für Kleinanleger bleiben keine Anteile mehr übrig. Privatanlegern bleibt meist nur, Anleihen im „Sekundärmarkt" von einem anderen Gläubiger, der die Anleihe besitzt, zu kaufen. Die meisten der in Deutschland herausgegebenen Anleihen werden an der Deutschen Börse in Frankfurt, aber auch an den kleineren Regionalbörsen gehandelt. Die deutschen Börsen versprechen faire Kurse, eine transparente Abwicklung und eine schnelle Orderausführung.

Festpreisgeschäft

Eine weitere Möglichkeit, Anleihen zu erstehen, ist eine Art Zwischenhandel, den die Banken organisieren. Sie übernehmen dazu einzelne Emissionen gezielt in ihren Handelsbestand, um sie ihren Kunden gegen einen Preisaufschlag zu verkaufen. Anleihen werden auch im sogenannten Festpreisgeschäft verkauft. Dabei werden sie nicht zum aktuellen Kurs, sondern zu einem festen Preis angeboten, der alle Spesen enthält. Während im normalen Börsengeschäft die Bank als Mittler für ihre Kunden an der Börse tätig wird, kommt beim Festpreisgeschäft ein Kaufvertrag zwischen Bank und Kunde zustande, bei dem alle Konditionen fest vereinbart werden.

Ob ein solches Geschäft vorteilhaft ist, können Sie überschlagsweise selbst kalkulieren. Vergleichen Sie den Festpreis der Ihnen angebotenen Anleihe mit dem aktuellen Börsenkurs und rechnen Sie die üblichen Gebühren (Börsengebühr, Ordergebühr) hinzu. Das Festpreisgeschäft sollte in etwa den gleichen Ertrag bringen wie ein Kauf über die Börse.

Das sollten Sie bei Anleihekursen beachten

Anleihekurse finden Sie beispielsweise bei den Direktbanken oder speziellen Börsenseiten wie www.onvista.de. Beachten Sie, dass bei nicht oder nur selten gehandelten Anleihen die dargestellten Kaufkurse oftmals alte Kaufkurse oder gar nur Schätzwerte sind. Wenn es aktuell keine Verkäufer der Anleihe gibt, ist dann ein Kauf mitunter gar nicht möglich.

Anleihen auswählen und kaufen

Wenn Sie wissen, wie Sie suchen müssen, ist es gar nicht so schwer, die für Sie passende Anleihe zu finden. Das Internet bietet Ihnen dabei wertvolle Unterstützung.

Wenn Sie noch nicht genau wissen, welche Anleihe Sie kaufen wollen, können Sie zunächst auf Finanzseiten im Internet suchen. Seiten, die sich dafür anbieten, sind beispielsweise:

▶ www.onvista.de,
▶ www.boerse-muenchen.de oder
▶ www.boerse-stuttgart.de.

Diese Internetseiten bieten für die Anleihenauswahl Hilfstools, die meist Anleihen- oder Bondfinder heißen. Mit verschiedenen Suchparametern können Sie Ihre Anleihensuche im riesigen Anleihenmarkt individuell einschränken.

So suchen Sie passende Anleihen

Die wichtigsten Parameter für Ihre Suche mit einem Anleihefinder sind der Anleihe-Typ und der Emittent. Mit dem „Anleihe-Typ" können Sie Ihre Suche unter anderem auf Staatsanleihen, Pfandbriefe, Unternehmens-, Schwellenländer- und Währungsanleihen einschränken. Abhängig von dieser Vorauswahl erhalten Sie in der Regel unter dem Suchparameter „Emittent" eine Liste der am Markt verfügbaren Herausgeber. Haben Sie also beispielsweise unter „Anleihe-Typ" das Kriterium „Staatsanleihen Euro" gewählt, bekommen Sie die an der Börse angebotenen Euro-Anleihen verschiedener Länder angezeigt. Wählen Sie

„Unternehmensanleihen", werden Ihnen nur Firmen angezeigt, die Anleihen herausgegeben haben. Hier können Sie dann das Unternehmen auswählen, dem Sie möglicherweise Geld leihen würden.

Ist die angebotene Liste noch zu umfangreich und unübersichtlich, können Sie die Suche weiter verfeinern. Dazu können Sie Vorgaben machen, in welcher Spanne der Zinskupon sich befinden soll. Geben Sie hier beispielsweise 1,0 bis 2,0 an, erhalten Sie nur Anleihen, die Zinszahlungen in dieser Höhe anbieten.

Ein weiteres wichtiges Kriterium ist die Fälligkeit der Anleihe. Wollen Sie beispielsweise für höchstens fünf Jahre anlegen, sind Anleihen für Sie uninteressant, die erst später fällig werden. Sie können dann unter „Fälligkeit" im Anleihefinder die Zeitspanne eingeben, in denen Ihre Anleihe fällig werden soll (beispielsweise mindestens in drei und spätestens in fünf Jahren).

Die „Stückelung" zeigt die kleinste handelbare Einheit einer Anleihe. Häufig sind Stückelungen von 1000 Euro. Das heißt, Sie müssen mindestens 1000 Euro oder ein Vielfaches davon investieren. Es gibt aber auch Emissionen, bei denen die Stückelung 50000 oder 100000 Euro beträgt. Schränken Sie die „Stückelung" (bei manchen Anleihefindern auch „handelbar ab" genannt) auf maximal 1000 Euro ein, erhalten Sie in der Ergebnisliste keine Anleiheemissionen, die sich aufgrund höherer Mindestanlagesummen vor allem an institutionelle Anleger richten.

In der Börsenpraxis konzentriert sich der Handel von Anleihen häufig auf vergleichsweise wenige Papiere, während viele andere nicht oder kaum gehandelt werden, weil es zu wenige Käufer und/oder auf der anderen Seite zu wenige Verkäufer gibt. Informationen zur Liquidität einer Anleihe finden Sie zum Beispiel leicht bei www.comdirect.de und www.boerse-muenchen.de. Nach Eingabe der Isin oder WKN in das Suchfeld zeigt das Übersichtsfeld der Comdirect an, ob die Anleihe eine hohe, mittlere oder niedrige Liquidität ausweist. Beim Anleihenfinder von www.finanzen.net können Sie nach Anleihen mit hoher, mittlerer oder geringer Liquidität suchen oder sich das Ergebnis einer Suche entsprechend dem Liquiditätsmaß sortieren. Auch die sogenannte Geld-Brief-Spanne, also der Unterschied zwischen Kauf- und Verkaufskurs einer Anleihe, gibt hier Hinweise zur Liquidität einer Anleihe. Je größer die Spanne, umso seltener wird die Anleihe ge- und verkauft. Weitere Suchparameter sind zum Beispiel der Kurs einer Anleihe, die Duration oder die gewünschte Rendite. Je nach Anleihe-Typ bieten die Internet-Anleihefinder noch andere Kriterien. Das sind zum Beispiel die Emissionswährung bei Staats- und Währungsanleihen. Bei Unternehmensanleihen können Sie häufig gezielt nach Nachrang-, Hybrid- oder Mittelstandsanleihen suchen.

So kaufen Sie Anleihen

Haben Sie mit Ihren Suchkriterien die passende Anleihe gefunden, notieren Sie sich die WKN oder Isin. Damit können Sie dann selbst den Anleihekauf bei Ihrer Direktbank vornehmen oder den Kauf bei Ihrem Bankberater in Auftrag geben. Wer Anleihen günstig kaufen möchte, ist in der Regel bei Direktbanken am besten aufgehoben. Der Kauf im Netz ist im Normalfall einfach. Loggen Sie sich dafür bei Ihrer Direktbank – oder im Onlinebanking Ihrer Hausbank – ein und geben Sie in der Wertpapier-Ordermaske die WKN oder Isin der Anleihe ein. Sie können dann meist den Handelsplatz (zum Beispiel Börse Frankfurt oder Stuttgart) wählen, an dem Sie die Anleihe kaufen möchten, und erhalten einen Briefkurs angezeigt.

Prüfen Sie, welche Börse den günstigsten Kaufkurs (Briefkurs) bietet. Je höher der Briefkurs, umso teurer wird der Kauf. Die Briefkurse können sich zwischen den einzelnen Börsenplätzen je nach Anleihe deutlich unterscheiden. Bei der Anzeige der Briefkurse erscheint manchmal der Kurszusatz „B". Das bedeutet, dass zum genannten (Brief-)Kurs kein Umsatz zustande gekommen ist, aber ein Angebot vorhanden war.

Liegt der Briefkurs über 100 Prozent, bedeutet das, dass Sie einen Kursverlust erzielen, wenn Sie die Anleihe bis zum Laufzeitende halten. Denn Anleihen werden grundsätzlich zu 100 Prozent zurückgezahlt. Kaufen Sie unter 100 Prozent, ist ein Kursgewinn möglich.

In der Ordermaske werden Sie weiter nach der gewünschten Menge (nominal) gefragt.

Hierbei müssen Sie den Kurswert berücksichtigen. Denn Sie müssen beim Kauf angeben, welche Anlagesumme Sie zum Nominalwert, das heißt, zum endfälligen Wert von 100 Prozent, kaufen möchten. Bezahlen müssen Sie dafür den aktuellen Kurswert mal der Anlagesumme.

Beispiel: Kaufen Sie eine Anleihe nominal für 1000 Euro bei einem Kurs von 105 Prozent, müssen Sie dafür – ohne Kosten und Gebühren – 1050 Euro bezahlen.

Ist die Anleihe nicht in Euro notiert, müssen Sie den Nominalbetrag noch in Euro umrechnen. Währungsrechner finden Sie im Internet oder auf den Seiten Ihrer Direktbank.

Beispiel: Eine Anleihe ist in US-Dollar notiert und der Wechselkurs US-Dollar zu Euro steht bei 0,9091. Das bedeutet, dass Sie für nominal 1000 US-Dollar 909,10 Euro zahlen müssen.

Aber keine Angst: Spätestens bevor Sie den Kauf mit der Eingabe der Transaktionsnummer (TAN) abschließen, zeigen Ihnen die meisten Direktbanken den ungefähren Auftragswert in Euro noch einmal an. Sollten Sie sich bei der Stückzahl (nominal) oder der Währungsumrechnung grob verrechnet haben, fällt Ihnen dies spätestens dann auf.

Nur mit Limit kaufen

Wie generell beim Kauf von Wertpapieren über die Börse, gilt auch beim Anleihekauf: Geben Sie immer mit einer Limit-Order einen Kurs vor, der beim Kauf nicht überschritten werden darf. So gehen Sie auch bei weniger häufig gehandelten Anleihen sicher, dass der Kaufpreis nicht zu hoch ausfällt. In der Ordermaske „Gültigkeit" können Sie vorgeben, wie lange die Order zu diesen Bedingungen gültig sein soll. Kommt bis dahin kein Kauf zustande, verfällt der Auftrag. Ein Kaufauftrag mit der Gültigkeitsdauer „Ultimo" ist bis zum Monatsende gültig.

Das kosten Anleihen

Natürlich fallen beim Anleihekauf Kosten an. Für jeden Kauf zieht Ihnen die Bank eine Provision ab. Viele Direktbanken verlangen 0,25 Prozent des Kurswerts, bei Mindestpreisen von rund 10 Euro. Häufig sind die Kosten aber auf einen Höchstbetrag gedeckelt. Beim Kauf über eine Filialbank sind es in der Regel 0,5 Prozent vom Kurswert. Zu beachten ist dort auch der Mindestpreis. Er liegt bei Filialbanken häufig über 20 Euro.

Behalten Sie beim Anleihekauf auch die prozentualen Kosten im Auge: Sie sollten mindestens so viel investieren, dass Kaufkosten und Anlagebetrag in einem vernünftigen Verhältnis stehen. Überschreiten die Kosten für den Kauf mehr als 0,25 Prozent der Anlagesumme, verschenken Sie zu viel Rendite.

Rentenfonds und -ETF

Auch für festverzinsliche Wertpapieranlagen gibt es Fondslösungen. Damit können Anleger auf einfache Art ihre Anlagerisiken streuen. Gemanagte Rentenfonds oder Indexfonds (ETF) stehen für jedes Anlageziel und jeden Anlagehorizont zur Verfügung.

Fondslösungen vereinfachen die Zinsanlagen

Viele Zinsanleger wollen nicht selbst Anleihen auswählen, ständig den Anleihemarkt und die aktuellen Zinsentwicklungen im Auge behalten müssen und sich um die Wiederanlage fälliger Zinsanlagen kümmern. Für diese können Rentenfonds und Rentenindexfonds (ETF) eine gute Alternative sein.

Professionelles Investieren leicht gemacht

Das Prinzip eines Investmentfonds ist einfach: Eine Fondsgesellschaft (Kapitalverwaltungsgesellschaft) legt einen Fonds mit einem bestimmten Anlageschwerpunkt auf. Die Anleger können Anteile am Fonds kaufen, indem sie einmalig einen größeren Betrag investieren oder über einen Sparplan regelmäßig Geld einzahlen. So bündelt die Fondsgesellschaft das Kapital vieler Anleger im Fonds und es entsteht ein großes Fondsvermögen. Um die professionelle Verwaltung und Anlage des gesammelten Geldes kümmert sich ein Profi, der Fondsmanager. Er kann je nach Schwerpunkt des Fonds Aktien, Anleihen, Immobilien, Rohstoffe oder andere Fonds damit kaufen. Ein Rentenfonds investiert ausschließlich oder überwiegend in festverzinsliche Wertpapiere wie Staats- und Unternehmensanleihen oder Pfandbriefe. Der Schwerpunkt des Fonds ist in seinen Anlagebedingungen festgelegt. Beispielsweise investiert der Fondsmanager eines Rentenfonds mit Schwerpunkt Unternehmensanleihen Euroland in lukrative Anleihen von Unternehmen im Euroraum.

Das Fondsmanagement hat häufig Wissens- und Informationsvorsprünge gegenüber Privatanlegern. Es kann auf einen großen Stab an Analysten und Experten zurückgreifen, die sich täglich mit dem Marktgeschehen auseinandersetzen und dadurch oft schneller als ein einzelner Anleger Veränderungen erkennen und entsprechend reagieren können. Doch das Fondsmanagement kostet natürlich eine jährliche Gebühr. Rentenindexfonds (Exchange Traded Funds/ETF) verzichten hingegen auf das aktive Fondsmanagement und kaufen Anleihen gemäß dem zugrunde liegenden Index.

Die Fondsgesellschaft kann im Gegensatz zu einzelnen Anlegern an den Finanzmärkten als Großanleger auftreten und zum Beispiel kostengünstiger und wirtschaftlicher investieren, als es für einen Anleger allein möglich wäre. Dieser muss meist hohe Summen investieren, um mehrere Anleihen zu erhalten. Das liegt an der Stückelung von Anleihen. Die Stückelung ist eine Art Mindestanlagesumme. Sie ist die kleinste handelbare Einheit des vom Herausgeber (Emittenten) begebenen Anleihevolumens. Ein Anleger muss mindestens eine Nominale in dieser Höhe oder einem Vielfachen davon erwerben. Anleihen mit einer kleineren Stückelung als 1000 Euro gibt es aber kaum noch und mittlerweile sind auch Stückelungen von 1000 Euro immer seltener. Will also ein Anleger bei einer Stückelung von 1000 Euro insgesamt 4500 Euro anlegen, kann er sich nur vier Nominale leisten. Viele große Unternehmen scheuen den Aufwand kleinerer Stückelungen. So besteht unter anderem eine Prospektpflicht für Unternehmensanleihen nur bei Stückelungen unter 100 000 Euro. Daher wenden sich kapitalsuchende Unternehmen lieber an institutionelle Investoren, die bereit und in der Lage sind, in hohen Stückelungen zu investieren. Zu diesen institutionellen Investoren zählen auch Investmentfonds, an denen sich Privatanleger wiederum beteiligen können.

Risikostreuung bei Rentenfonds

Da Rentenfonds in Anleihen vieler verschiedener Emittenten und Finanzmärkte investieren können, bieten sie in der Regel eine viel breitere Streuung (Diversifikation), als dies bei einem Anleihen-Portfolio eines Einzelanlegers möglich wäre. Wenn sich im Fonds einige Anleihen schlecht entwickeln, gibt es noch viele

Gut zu wissen

Anleger, die mit Rentenfonds in europäische Staatsanleihen investieren, sollten sich einer soliden Ländermischung vergewissern, auch bei Indexfonds. Ein Indexfonds kann nur so gut sein wie der Index, auf den er sich bezieht. Indizes sind keine objektiven Größen, sondern werden von Finanzfirmen konstruiert. Die Zusammensetzung eines Fonds zeigt unsere Fondsdatenbank oder bei den großenDirektbanken das Fondsporträt. Riskant ist es beispielsweise, wenn der Fonds oder ETF hauptsächlich auf italienische Staatsanleihen setzt.

andere Papiere, die dies ausgleichen können. Das Gesamtverlustrisiko eines Rentenfonds bei einem Zahlungsausfall eines Emittenten ist somit relativ gering. In einem Einzeldepot mit wenigen Anleihen wirken sich schlecht laufende Werte hingegen prozentual deutlich stärker aus.

Auch weisen Rentenfonds im Vergleich zur Direktanlage in Anleihen oft ein wesentlich geringeres Kursrisiko auf, da im Fonds meist Anleihen verschiedener Laufzeiten gebündelt sind. Anleihen mit kürzerer Laufzeit sind in der Regel weniger anfällig für ↗ Marktzinsänderungen als solche mit langer Laufzeit (aber höheren Zinssätzen). Allerdings können sich auch Rentenfonds nicht von der allgemeinen

So funktionieren Fonds

Fonds-vermögen

Anleger

Zahlt Geld einmalig oder als Sparplan ratenweise.

Erhält Bescheinigung für Anteil am Fondsvermögen.

Hat Anspruch auf Erträge und Rückgabe seiner Anteile zu jeder Zeit.

Depotbank (Verwahrstelle)

Verwaltet und überwacht das Fondsvermögen.

Weist Anlegern ihre Anteile zu.

Berechnet Ausgabe- und Rücknahmepreis der Anteile.

Kapitalverwaltungsgesellschaft

Fondsmanager investiert das Fondsvermögen, indem er Vermögenswerte wie Aktien, Anleihen und Immobilien kauft und verkauft.

Marktzinsentwicklung abkoppeln. Sie trumpfen vor allem in Zeiten sinkender Zinsen auf, da in diesen die Kurse der gehaltenen Anleihen stark steigen. In Phasen steigender Zinsen haben Rentenfonds größere Schwierigkeiten, positive Renditen zu erwirtschaften, da dann Kursverluste entstehen. Die bereits am Markt befindlichen Anleihen mit niedrigerem Zinskupon sind nicht mehr gefragt und finden nur Abnehmer, wenn der Kurs entsprechend nachgibt.

Zum Zinsänderungsrisiko siehe S. 100.

Anleger, die gezielt auf Anleihen bestimmter Restlaufzeiten setzen wollen, finden auch dazu passende Produkte. In der Fondsdatenbank der Stiftung Warentest können Sie zum Beispiel gezielt nach Laufzeiten von Rentenfonds (kurze, mittlere und lange Laufzeiten) suchen.

Rechtliche Sicherheit von Rentenfonds

Je nach Höhe ihrer Einlage erhalten Anleger Anteile an dem jeweiligen Fonds beziehungsweise ETF. Sie werden Miteigentümer am Fondsvermögen und haben entsprechend Anspruch auf eine Beteiligung am Gewinn des Fonds, der vor allem aus Zinsen oder Kursgewinnen der einzelnen Anleihen stammen kann. Das Fondsvermögen steigt durch neue Einlagen von Anlegern und erwirtschaftete Gewinne oder fällt durch die Rückerstattung von Anteilen der Anleger oder erlittene Verluste. Der Gesamtbetrag dieses Vermögens ist rechtlich sogenanntes Sondervermögen. Dies bedeutet, dass die Anlegergelder im Fonds getrennt vom Vermögen der Fondsgesellschaft bei einer unabhängigen Depotbank (Verwahrstelle) verwahrt werden und weder die Fondsgesellschaft noch der Fondsmanager darauf zugreifen kann. Deshalb ist es vor einer Insolvenz der Fondsgesellschaft oder einer Veruntreuung durch den Fondsmanager geschützt. Der Investmentfonds haftet auch nicht für Schulden der Fondsgesellschaft. Die Depotbank gibt Anteilsscheine am gesamten Fondsvermögen an die Anleger aus. Dabei wird bis auf drei Nachkommastellen genau berechnet, mit welchem Anteil der jeweilige Anleger Miteigentümer am Fondsvermögen ist. Mit der Depotbank haben Sie als Anleger übrigens keinen direkten Kontakt. Sie kaufen die Anteilsscheine zum Beispiel über eine Bank und verwahren sie in Ihrem Wertpapierdepot bei einer beliebigen Bank. Hier ist also zu unterscheiden zwischen der Depotbank als dem Kreditinstitut, bei dem das Sondervermögen von Investmentfonds hinterlegt und verwaltet wird, und dem Depot des Anlegers bei einer Bank, in dem seine persönlichen Wertpapiere geführt werden.

Flexible Anlagemöglichkeiten bei Rentenfonds

Die Anlage in Rentenfonds erfordert keine großen Anlagesummen. Schon ab 500 Euro bei einer Einmalanlage oder bei Sparplänen ab 50 Euro (teilweise sogar nur 25 Euro) monatlich können sich Anleger an Rentenfonds beteiligen. Rentenfonds können jederzeit ver-

kauft werden, auch wenn der Fonds selbst in Anleihen mit langer Laufzeit investiert ist. Anleger in Rentenfonds sind also häufig flexibler, als wenn sie in Einzelanleihen investieren. Bei letzteren hängt es auch von der sogenannten Liquidität der Anleihe ab, ob ein Verkauf überhaupt möglich ist. Findet sich kein anderer Anleger an der Börse, der die Anleihe kaufen will, muss sich der verkaufswillige Anleger notfalls bis zum Ablauf der Restlaufzeit und der Rückgabe an den Emittenten gedulden.

Rentenfonds sind zudem bequem. Das Fondsmanagement kümmert sich um die Wiederanlage fälliger Anleihen und Erträge. Dafür erhält es eine jährliche Verwaltungsgebühr von rund einem Prozent, die direkt vom Fondsvermögen einbehalten wird.

Die Fondsgesellschaften informieren in Halbjahres- und Jahresberichten ausführlich über ihre Transaktionen. Auf ihren Homepages veröffentlichen sie viele Informationen über die aktuelle Aufteilung des Fondsvermögens nach Emittenten, Währungen und den größten Einzelpositionen. Im Basisinformationsblatt (BIB, auch PRIIPS KID) werden die wichtigsten Informationen zum jeweiligen Fonds für Anleger auf zwei bis drei DIN-A4-Seiten zusammengefasst

Renten-ETF (Indexfonds)

Besonders in Zeiten eines niedrigen Zinsniveaus ist es gerade für Investmentfonds, die in festverzinsliche Wertpapiere investieren, schwierig, eine nach Abzug aller Kosten (zum Beispiel Transaktionskosten, Verwaltungskosten, Depotbankgebühr) akzeptable Rendite für die Anleger zu erwirtschaften. Eine günstigere Alternative zu gemanagten Investmentfonds sind die bereits erwähnten „Exchange Traded Funds" (ETF), was börsengehandelter (Index-)Fonds bedeutet. Im Gegensatz zu den aktiv gemanagten Fonds, bei denen der Fondsmanager die Auswahl der Einzeltitel übernimmt, orientiert sich die Zusammensetzung von ETF allein an einem zugrundeliegenden Index. Ein solcher Index kann sich zum Beispiel auf Euro notierte Staatsanleihen der Eurozone oder weltweite Unternehmensanleihen, die in US-Dollar notiert sind, beziehen. Innerhalb eines solchen Index werden meist Anleihen entsprechend ihres Emissionsvolumens gewichtet. Da kein Fondsmanager die Einzelauswahl der Anleihen vornehmen muss – die Zusammensetzung des ETF ist durch den Index vorgegeben – spricht man auch von passiv gemanagten Fonds.

ETF sind rechtlich ebenfalls Investmentfonds. Auch hier sind die Anlegergelder dadurch gesichert, dass das Fondsvermögen ein von der Fondsgesellschaft getrenntes Sondervermögen ist.

Renten-ETF sind wie Rentenfonds und Anleihen jederzeit an der Börse handelbar. Professionelle Market Maker stellen permanente An- und Verkaufskurse. Anleger, die ein Wertpapierdepot besitzen, können ETF bei jeder Bank kaufen. Ein besonderer Vorteil von ETF sind deren im Vergleich zu aktiv gemanagten Fonds geringen Kosten. Ausgabeaufschläge fallen beim Kauf nicht an und auch die Verwaltungsgebühren sind natürlich geringer, da kein aufwendiges Fondsmanagement finanziert werden muss. Die jährlichen Verwaltungsgebühren liegen bei Renten-ETF zwischen 0,165 und 0,90 Prozent.

Auch Rentenfonds haben Risiken

Rentenfonds gelten zwar als relativ sichere Anlage, gänzlich risikofrei sind aber selbst Euro-Staatsanleihenfonds nicht. Rentenfonds sind zum Beispiel nicht einlagengesichert wie Festgeldangebote von Banken der Europäischen Union. Auch kann der Ertrag nicht vorher bestimmt werden, da Rentenfonds keine feste Laufzeit haben. Je nach der Art der Anleihen, die sie im Fondsvermögen halten, können Rentenfonds ganz unterschiedliche Risiken, aber auch Chancen aufweisen. Anhand der folgenden drei Risikoarten können Anleger Rentenfonds sortieren und bewerten:

❶ **Kreditqualität der Anleihen:** Je nach Kreditwürdigkeit der Anleiheherausgeber, von denen der Fonds Papiere hält, kann man hier Abstufungen machen. Das Spektrum reicht von erstklassigen Staatsanleihen solider Staaten bis zu hochverzinslichen Anleihen stark verschuldeter Länder oder Unternehmen.

❷ **Zinsrisiko der Anleihen:** Von Marktzinsänderungen können Fonds je nach Restlaufzeiten der Anleihen im Fondsvermögen unterschiedlich stark betroffen sein. Das Spektrum reicht von Geldmarktpapieren und kurzfristigen Anleihen bis zu Anleihen mit langen Laufzeiten.

❸ Währungsrisiko der Anleihen: Während Euro-Rentenfonds kein Währungsrisiko für Anleger aus dem Euroraum aufweisen, bestehen bei anderen Fonds womöglich hohe Wechselkursrisiken.

Staatsanleihenfonds

Der Klassiker für sicherheitsorientierte Anleger sind Euro-Staatsanleihenfonds oder -ETF. Das sind Investmentfonds, die Staatsanleihen der Euroländer kaufen. Die Anleihen notieren in Euro oder sind gegen Währungsschwankungen abgesichert. Daneben gibt es Rentenfonds, die in Staatsanleihen anderer Länder investieren, die in deren Währung begeben werden. Das sind zum Beispiel US-Staatsanleihen-Rentenfonds, die ausschließlich in US-Dollar-notierte US-Staatsanleihen anlegen.

Fondswährung ist nicht gleich Währung der Einzelanlagen

Die Währung, in der ein Fonds seine Rechnungen führt und der Rücknahmepreis berechnet wird, ist die Fondswährung. Da ein Euro-Staatsanleihenfonds nur Staatsanleihen aus dem Euroraum enthält, entspricht hier die Fondswährung der Währung der Einzelanlagen. Ist die Fondswährung eines Rentenfonds eine ausländische Währung, wie zum Beispiel US-Dollar, investiert er meist überwiegend in Anleihen dieser Währung. Es besteht insoweit ein Währungsrisiko für Anleger aus dem Euroraum, denn beim Kauf und späteren Verkauf der Fondsanteile wird der Wechselkurs (von Euro in Fremdwährung und zurück) nie genau gleich sein. Dasselbe Risiko hätte der Euro-Anleger aber auch, wenn die Fondswährung zwar Euro wäre, der Fonds aber in ausländische Anlagen, zum Beispiel US-Staatsanleihen, investieren würde. Bei einer Notierung in Euro werden lediglich die Werte der US-Dollar-Anleihen anhand des aktuellen Wechselkurses in Euro umgerechnet. Das heißt: Das Währungsrisiko hängt nicht mit der Fondswährung zusammen, sondern mit den Preisen der im Fonds enthaltenen Fremdwährungs-Anleihen.

Anleger aus dem Euroraum, die jedes Währungsrisiko ausschließen wollen, dürfen also nur Rentenfonds kaufen, die in auf Euro lautende Staatsanleihen investieren. Neben den Staaten aus dem Euroraum können auch andere Länder Anleihen in Euro begeben. Eine weitere Möglichkeit, jedes Währungsrisiko auszuschließen, sind Fonds, die Dollar oder Fremdwährungsrisiken absichern (Euro-hedged).

Rentenfonds mit sonstigen Anleihen

Es gibt Rentenfonds und -ETF, die nicht nur in Staatsanleihen, sondern auch in Anleihen anderer Emittenten anlegen. Euro-Rentenfonds kaufen außer Staats- auch Unternehmensanleihen, die in Euro begeben wurden. Daneben gibt es Rentenfonds, die in Papiere aus be-

RENTENFONDS
STAATS-ANLEIHEN

Geeignet für sicherheitsorientierte Anleger und als Basisanlage für fast jedes Depot, vorausgesetzt, die Anleihen lauten auf Euro. Fremdwährungsanleihen sind nicht geeignet.

PRO

Staatsanleihen solider Länder mit hoher Bonität sind sichere Anlagen. Staatsanleihenfonds streuen Anleihen verschiedener Staaten und minimieren so das Risiko. Anleger brauchen sich nicht um die Wiederanlage fälliger Anleihen zu kümmern.

CONTRA

Die Rendite von Staatsanleihenfonds mit Anleihen bonitätsstarker Länder ist gering. Je geringer die Kreditwürdigkeit, desto höher die Renditechancen, aber auch die Risiken. Kurzfristig können Fonds bei Marktzinserhöhungen Verluste erleiden. Staatsanleihen-ETF sind eine günstigere Alternative.

stimmten Regionen oder Ländern und deren Währungen investieren. So gibt es zum Beispiel Rentenfonds aus den Regionen Welt, Asien/Pazifik, Schwellenländer, Osteuropa, Skandinavien oder den Ländern USA, Schweiz und Großbritannien.

Von High-Yield-Fonds spricht man, wenn diese sich auf Hochzinsanleihen von Herausgebern – meist Unternehmen – mit schlechter Kreditwürdigkeit konzentrieren. Emerging-Market-Fonds nehmen überwiegend Staatspapiere von Schwellenländern in unterschiedlichen Währungen ins Depot.

Rentenfonds, die auf bestimmte Regionen setzen, können je nach Region und Anleiheherausgeber sicher bis spekulativ sein. High-Yield-Fonds sind immer riskant und eignen sich nur für erfahrenere Anleger.

Daneben gibt es Rentenfonds, die sich auf einzelne Themen wie inflationsgeschützte Anleihen, Wandelanleihen oder Pfandbriefe spezialisiert haben. Diese halten dann nur entsprechende Papiere im Sondervermögen.

Ethisch-ökologische Rentenfonds

Ethisch-ökologische Rentenfonds Euro kaufen Anleihen von Staaten und Unternehmen, die auf Euro lauten und bestimmte nachhaltige Kriterien erfüllen. Bei den Anleihen kann man Green Bonds und Nachhaltigkeitsanleihen unterscheiden:

▸ **Green Bonds.** Wie bei normalen Staats- oder Unternehmensanleihen auch, leihen sich die Herausgeber dieser Papiere (Emittenten) Kapital und zahlen für die Laufzeit einen festgelegten Zinssatz. Bei Green-

Bonds gibt es die Besonderheit, dass das Geld in nachhaltige und klimafreundliche Projekte fließt – etwa in die Förderung von Windkraftanlagen, Photovoltaik oder in den Bau energieeffizienter Gebäude. Emittenten von Green Bonds sind zum Beispiel Förderbanken, Geschäftsbanken, Unternehmen oder Staaten.

▶ **Nachhaltigkeitsanleihen.** Während Green Bonds ausschließlich klimafreundliche Projekte unterstützen wollen, können nachhaltige Anleihen von Emittenten sein, deren Geschäftspraktiken auf ethischen oder ökologischen Grundlagen basieren. In diesem Fall können Anleihen beispielsweise als nachhaltig gelten, wenn das dahinterstehende Unternehmen darauf verzichtet, mit ethisch oder ökologisch zweifelhaften Branchen zusammenzuarbeiten. Die Anleihenerlöse müssen in diesem Fall aber nicht ausschließlich in umweltfreundliche Projekte fließen.

Bei ethisch-ökologischen Staatsanleihen wird meist mit Ausschluss- und positiven Auswahlkriterien gearbeitet. Ausgeschlossen sind zum Beispiel Staaten, die internationale Klimaabkommen nicht unterzeichnet haben, autoritär regiert werden, Geldwäsche dulden, nicht gegen Korruption vorgehen oder die Todesstrafe anwenden.

Restlaufzeiten von Rentenfonds und -ETF

Rentenfonds und -ETF lassen sich nicht nur nach Regionen (zum Beispiel nach Welt, Euro-

RENTENFONDS
SONSTIGE ANLEIHEN

Geeignet für sicherheitsorientierte bis spekulative Anleger – je nach Bonität der Herausgeber der Anleihen im Fonds.

PRO

Durch die Streuung vieler Anleihen ist das Verlustrisiko gegenüber der Anlage in Einzelanleihen minimiert. Anleger brauchen sich nicht um die Wiederanlage fälliger Anleihen zu kümmern.

CONTRA

Die Rendite von Rentenfonds mit Anleihen bonitätsstarker Herausgeber ist – insbesondere nach Abzug der Verwaltungskosten des Fonds – gering. Kurzfristig können aktiv gemanagte Fonds und ETF bei Marktzinserhöhungen Verluste erleiden. ETF auf entsprechende Indizes sind eine kostengünstigere und bequemere Alternative.

raum, USA) oder der Art des Emittenten (Staatsanleihen, Unternehmensanleihen) einteilen, sondern auch nach den Restlaufzeiten der vom Fonds gehaltenen Papiere. Die Laufzeiten von Anleihen in „Langläufer"-Fonds betragen oft 7 bis 20 Jahre. „Kurzläufer"-Fonds bevorzugen Anleihen, die nur ein bis drei Jahre laufen.

Wenn die Marktzinsen sinken, können Fonds von Kursgewinnen profitieren. (Anleihen steigen im Wert, wenn die Zinsen am Markt fallen.) Steigen die Zinsen, kann das zu Kursverlusten der Rentenfonds führen. Je langfristiger die Ausrichtung des Fonds, desto stärker reagiert er auf Zinsschwankungen am Kapitalmarkt.

Fonds, die auf kurze oder lange Laufzeiten setzen, sind etwas für Anleger, die eine bestimmte Zinsentwicklung erwarten. Anleger, die sich nicht mit zukünftigen Zinserwartungen beschäftigen oder die für alle Entwicklungen gewappnet sein wollen, sind mit Fonds mittlerer Laufzeit gut bedient. Oder sie wählen Fonds ohne Laufzeitbeschränkung. Bei ihnen entscheidet der Fondsmanager über die Laufzeitenausrichtung.

So finden Sie den passenden Rentenfonds/-ETF

Die Auswahl an Rentenfonds und Renten-ETF ist riesig. Allein in der Fondsdatenbank der Stiftung Warentest (www.test.de/fonds) können Anleger aus rund 5000 Fonds auswählen. Wenn Sie nach Rentenfonds für Ihre Anlagen suchen, sollten Sie sich zunächst überlegen, in welches Segment Sie investieren wollen:

Staatsanleihen, Pfandbriefe, Unternehmensanleihen oder inflationsgebundene Anleihen? Danach könnten Sie weiter überlegen, aus welcher Region die Emittenten kommen sollten: Europa, Asien, Schwellenländer oder weltweit? Ein weiteres Unterscheidungskriterium ist die Währung, in der die im Fonds gehaltenen Anleihen begeben wurden: Euro, US-Dollar, Britisches Pfund Sterling, Schweizer Franken, skandinavische Währungen oder verschiedene Währungen.

Und dann können Sie noch entscheiden, welche Laufzeiten die Anleihen im Fonds haben sollen. Zur Erinnerung: Länger laufende Anleihen reagieren grundsätzlich stärker auf Änderungen des Marktzinses als Kurzläufer, rentieren aber oft höher.

Haben Sie sich orientiert, in welcher Rentenfonds-Kategorie Sie investieren wollen, gehen Sie an die Auswahl des entsprechenden Einzelfonds oder -ETF. Wir empfehlen, auf ETF zu setzen, da es bei Rentenanlagen besonders wichtig ist, die Kosten gering zu halten.

Als Basisanlage kommen insbesondere ETF auf Staatsanleihen Euro, deutsche Staatsanleihen sowie Unternehmensanleihen Euroland in Betracht. Wollen Sie auch Ihre Währungsrisiken streuen, können Sie zu einem geringeren Anteil ETF mit Anleihen in Fremdwährungen dazu nehmen. Die Laufzeiten sollten nicht länger als zehn Jahre sein.

Indizes für Renten-ETF

ETF bilden die Wertentwicklung eines Index ab. In einem Index für Anleihen wird die Wertentwicklung von Anleihen mit bestimmten

Kriterien zusammengefasst. So bildet beispielsweise der Bloomberg Euro Treasury Germany Index die Wertentwicklung deutscher Staatsanleihen in Euro über das gesamte Restlaufzeit-Spektrum ab. Der eb.rexx Government Germany 2.5–5.5yr-Index hingegen bietet Zugang zu in Euro denominierten Staatsanleihen aus Deutschland, die an der Plattform Eurex Bonds gehandelt werden und eine Restlaufzeit von 2,5 bis 5,5 Jahren haben. Es gibt davon auch Indizes, die die Entwicklung von Anleihen mit anderen Laufzeiten wie beispielsweise 1,5 bis 2,5 Jahren oder 5,5 bis 10 Jahren nachbilden. Auch Indizes anderer Indexanbieter gibt es mit verschiedenen Laufzeiten-Schwerpunkten, so unter anderem die Deutsche Boerse Eurogov Germany Indizes.

Nachhaltige Indizes konzentrieren sich auf Anleihen, die vom Indexanbieter festgelegte Nachhaltigkeitskriterien erfüllen. So fasst beispielsweise der Bloomberg MSCI Euro Area Liquid Corporates Sustainable Index über 600 der größten und liquidesten Anleihen von Industrie-, Versorgungs- und Finanzunternehmen der Eurozone zusammen, die bestimmte Nachhaltigkeitsmerkmale erfüllen. Wertpapiere von Unternehmen, die nicht den Kriterien für sozialverantwortliche Anlagen (SRI) entsprechen, sind ausgeschlossen.

Die Tabelle „Welchen Index für welche Anlageklasse?" zeigt die gängigen Indizes für Anleihen."

Welchen Index für welche Anlageklasse?

Anlageklasse	„Klassischer" Index	Nachhaltiger Index
Staatsanleihen Deutschland	Bloomberg Euro Treasury Germany	
	eb.rexx Government Bond/Germany	
	Deutsche Boerse Eurogov Germany	
Staatsanleihen Euroländer	Bloomberg Euro Treasury	JPM ESG EMU Government Broad IG
	Markit iBoxx EUR Sovereigns Eurozone	
	FTSE MTS Eurozone Government Broad IG	
Staats- und Unternehmensanleihen Euro	Bloomberg Euro Aggregate	Bloomberg MSCI Euro Aggregate Sustainable and Green Bond SRI
Unternehmensanleihen Euro	Bloomberg Euro Corporate	Bloomberg MSCI Euro Area Liquid Corporates Sustainable

Strategien mit Zinsanlagen

Wenn Sie aktiv das Management Ihrer Zinsanlagen übernehmen möchten, um den einen oder anderen Renditepunkt herauszukitzeln, stehen Ihnen verschiedene bewährte Strategien zur Verfügung.

Verschiedene Ziele – unterschiedliche Strategien

Mit der passenden Strategie können Sie auch im Festzinsbereich unterschiedliche Ziele erreichen.

Bevor Sie sich mit einer Strategie für Ihre Festzinsanlagen beschäftigen, machen Sie sich noch einmal Folgendes klar: In Zeiten fallender, aber auch steigender Zinsen bringt Festgeld oft höhere Zinsen als eine Anleihe derselben Bank und des zugehörigen Staates mit ähnlicher Laufzeit. Zusätzlich sind bei Festgeldern – zumindest im europäischen Raum – die Einlagen bis zu 100 000 Euro pro Bank und pro Person durch die Einlagensicherung gesetzlich geschützt. Der Nachteil von Festgeld ist, dass Sie während der Laufzeit nicht an Ihr Geld kommen. Eine vorzeitige Kündigung ist in der Regel nicht möglich oder nur, wenn Sie auf die Zinszahlung verzichten.

Anleihen mit einer ausreichenden Liquidität haben hingegen den Vorteil, dass sie börsentäglich an der Börse gehandelt werden und zum aktuellen Kurs weiterverkauft werden können. Sie kommen also auch vorzeitig an Ihr Geld. Allerdings unterliegen Anleihen nicht der Einlagensicherung. Im Falle der Insolvenz des Emittenten sind Sie – je nach Art der Anleihe – mit anderen Gläubigern gleichgestellt und müssen mit Verlusten rechnen.

Wenn das Marktzinsniveau steigt, ist ein Verkauf von Anleihen während der Laufzeit mit möglicherweise hohen Kursverlusten verbunden. Als Faustregel gilt: Steigt der Marktzins um 1 Prozentpunkt, würde der Kurs einer zehnjährigen Bundesanleihe um etwa 7 Prozent verlieren.

> 66 **Anleihen mit einer ausreichenden Liquidität haben den Vorteil, dass sie börsentäglich an der Börse gehandelt werden und zum aktuellen Kurs weiterverkauft werden können.**

Auch Rentenfonds und Renten-ETF erleiden in der Regel bei einem Marktzinsanstieg Kursverluste. Da Fonds und ETF keine feste Laufzeit haben, also nicht zu einem festen Nennwert zurückgezahlt werden, sollten Sie in Niedrigzinsphasen und Phasen steigender Zinsen vorsichtig sein. Wenn Sie Ihr Geld nicht langfristig anlegen möchten, sollten Sie besser Festgeldanlagen als Rentenfonds wählen.

Zinsstrategien für besondere Anlegerbedürfnisse

Bei der Wahl der richtigen Festzinsanlagen müssen Anleger auch ihre besonderen finanziellen Ziele berücksichtigen. Denn je nach Ziel eignen sich unterschiedliche Festzinsanlagen.

Jeder Anleger hat andere Ziele, die er mit seinen festverzinslichen Anlagen erreichen will. Der eine möchte zum Beispiel laufende Erträge zur Aufbesserung seiner Rente erzielen, andere möchten Kapital für den Ruhestand oder ein Eigenheim bilden. Vielleicht wollen Sie sich in zwei Jahren ein neues Auto kaufen und dafür sparen. Oder Sie wollen bei hohen Aktienkursen auf bessere Einstiegsgelegenheiten warten und dafür Ihr Geld rentabel, aber schnell verfügbar parken. Nachfolgend finden Sie Strategien mit Zinsanlagen für typische Anlegerziele.

Ziel: Laufende Erträge

Sind Ihnen laufende Erträge wichtig, weil Sie damit zum Beispiel Ihre Rente aufbessern möchten, kommt es zunächst darauf an, dass Sie eine Anlage wählen, bei der die Zinsen auch tatsächlich ausgeschüttet werden. Abgezinste Papiere, wie zum Beispiel Null-Kupon-Anleihen (Zerobonds), bei denen die Zinsen während der Anlagedauer angesammelt und erst zum Laufzeitende zusammen mit dem Nennwert zurückgezahlt werden, scheiden dann aus. Auch variabel verzinste Papiere, wie zum Beispiel Floater, sind für Sie ungeeignet, weil Sie mit diesen nicht planen können.

Je nachdem, wie wichtig die regelmäßigen Zahlungen für Sie sind, ob Sie also ein nettes Zubrot sein sollen oder für Ihre laufenden Lebenshaltungskosten existenziell sind, müssen Sie vor allem auf die Bonität des Emittenten achten. Fremdwährungsanleihen sind ebenfalls ungeeignet, weil hier die Höhe der Zinszahlungen aufgrund der Währungsrisiken nicht sicher ist.

Da Kursgewinne nicht im Vordergrund stehen, wenn Sie laufende, sichere Erträge erwirtschaften möchten, könnten Sie gegebenenfalls auch Wertpapiere von Emittenten höchster Bonität kaufen, die über dem Nennwert, also über pari, notieren. Die Kursverluste, die entstehen, wenn diese Papiere fällig werden, müssen Sie dann aber in Kauf nehmen.

Geeignet für dieses Anlageziel sind vor allem Festgelder und Sparbriefe sowie Anleihen von sehr sicheren Schuldnern mit einem Rating bis Aa3 bzw. AA-. Die Zinszahlungen erfolgen bei diesen Anlagen in der Regel jährlich. Benötigen Sie monatliche Raten, können Sie die Zinszahlungen auf einem Tagesgeldkonto parken und monatlich entnehmen.

Gut zu wissen

Nur ein Baustein. Beachten Sie, dass Zinsanlagen nur ein Baustein in Ihrer langfristigen Vermögensbildung sein können. Gerade in Zeiten, in denen die Inflationsraten deutlich über den Marktzinsen liegen, sollten Sie besser nicht Ihr gesamtes Vermögen in Zinsanlagen stecken, wenn Sie einen langen Anlagehorizont haben, sondern sie mit chancenreicheren Anlagen wie Aktienfonds mischen. Je näher Ihr Sparziel bevorsteht, umso wichtiger ist es, chancenreichere Produkte in Zinsanlagen umzuschichten, da diese keine oder wenig Schwankung aufweisen.

Ziel: Vermögensbildung

Geht es Ihnen vor allem darum, mit Ihren Zinsanlagen für die Ausbildung der Kinder, die eigenen vier Wände oder den Ruhestand zu sparen oder auch ohne konkretes Ziel für später Vermögen aufzubauen, kommen zunächst alle Formen von Festzinsanlagen in Betracht. Wichtig ist bei allen Anlagen, dass Sie eine Rendite erzielen, die möglichst über der Inflation liegt. Ansonsten ist Ihre Realrendite, also Ihre Vermögensbildung abzüglich der gestiegenen Lebenshaltungskosten, negativ und Sie haben Kapital vernichtet.

Achten Sie bei diesem Anlageziel darauf, die Laufzeit der Festzinsanlagen dem Marktzins anzupassen. Das bedeutet, dass Sie unter Umständen auch bei einem zehnjährigen Anlagehorizont zunächst nur kurzfristiger anlegen, wenn Sie steigende Zinsen in den nächsten Jahren erwarten. Vor allem Ihre Risikoeinstellung stellt bei der Wahl der passenden Zinsanlagen zur Vermögensbildung wichtige Weichen.

Für risikoscheue Anleger kommen Bundeswertpapiere, Festgelder mit EU-Einlagensicherung, oder aber auch Pfandbriefe in Betracht.

Mögen Sie es riskanter, aber auch chancenreicher, können Sie bei Unternehmensanleihen fündig werden. Diese bieten mitunter höhere Renditen als Bundeswertpapiere oder Pfandbriefe. Je nach Bonität und Rating des Unternehmens, das die Anleihe begibt, variieren die Renditen stark. Wollen Sie in Unternehmensanleihen mit einem Rating unterhalb von Investment Grade investieren, empfiehlt sich wiederum die Anlage über einen entsprechenden Fonds oder ETF, um das Ausfallrisiko zu streuen.

Ziel: Liquide sein

Verschiedene Gründe können dafür sprechen, bei der Zinsanlage vor allem darauf zu achten, sie schnell wieder in Bargeld umwandeln zu können:

- Sie wollen sich nicht längerfristig binden, da Sie glauben, bei steigenden Zinssätzen höhere Erträge auf Ihre mittel- bis langfristigen Anlagen zu erhalten.
- Sie wollen sich in naher Zukunft besondere Konsumwünsche erfüllen.

- Sie warten auf besondere Anlage- und Spekulationsgelegenheiten und wollen dann schnell reagieren können.

Zwar können Sie grundsätzlich alle börsennotierten festverzinslichen Anlagen jederzeit verkaufen und sich so flüssige Mittel verschaffen. Wenn Sie allerdings aufgrund der Marktsituation nur unter Ihrem Einkaufspreis verkaufen können, weil Kursschwankungen während der Laufzeit gegen Sie laufen, realisieren Sie Verluste. Auch müssen Sie die Kosten berücksichtigen. Haben Sie beispielsweise einen Rentenfonds mit 3 Prozent Ausgabeaufschlag gekauft, machen Sie einen entsprechenden Verlust, wenn Sie ihn kurze Zeit später wieder verkaufen.

Als schnell verfügbare Zinsanlagen ohne größere Kursrisiken kommen somit letztlich für Sie in Betracht:
- Tagesgelder
- Festgelder und Anleihen mit kurzen Restlaufzeiten
- Unverzinsliche Schatzanweisungen
- Floater
- Bundesanleihen mit kurzen Restlaufzeiten

Mit Extremsituationen spekulieren

Es kommt nicht nur bei Aktien gelegentlich vor, dass der Markt Unternehmen abstraft. Beispielsweise können Gerüchte über Bilanzmanipulationen oder Bonitätsverschlechterungen eines Unternehmens dazu führen, dass Anleger dessen Anleihen verstärkt loswerden wollen, mit der Folge, dass deren Kurs deutlich unter 100 Prozent sinken kann.

Haben Sie Grund zu der Annahme, dass die Kursabschläge übertrieben hoch sind und das Unternehmen sicherlich noch länger als die Restlaufzeit seiner Anleihe zahlungsfähig bleiben wird – etwa weil es am Markt gegenüber seinen Konkurrenten eine Vormachtstellung einnimmt –, könnten Sie die Anleihe mit dem Vorsatz erwerben, diese zu behalten, bis sie fällig wird. Je nach Höhe der Kursabschläge sind mit dieser spekulativen Strategie Renditen im hohen zweistelligen Bereich möglich.

Auch Kursausschläge in die andere Richtung über 100 Prozent können Ihnen zu hohen Renditen verhelfen, wenn Sie Inhaber einer plötzlich besonders gefragten Anleihe sind. So konnte ein vorausschauender Anleger im Zuge der Finanz- und Euro-Schuldenkrise ahnen, dass Anleihen von als besonders solide geltenden Staaten wie Norwegen, der Schweiz oder Deutschland als sicherer Anlagehafen gesucht werden würden. Als vorausschauender spekulativer Anleger hätte man Anleihen dieser Staaten ungefähr zum Nennwert kaufen und auf dem Hochpunkt der Krisenpanik zu einem Kurs weit über 100 Prozent verkaufen können.

Wenn solche besonderen Extremsituationen an den Anleihemärkten auftreten, heißt es für Sie, kühl abzuwägen: Sind die Kursausschläge in ihrer Höhe gerechtfertigt? Oder sind sie angesichts des Risikos vielleicht doch zu hoch? Liegen Sie mit Ihrer Einschätzung richtig, sind beachtliche Renditen möglich.

Strategien gegen das Zinsänderungsrisiko

Anleger können mit einfachen Strategien ihre Festzinsanlagen so gestalten, dass eventuelle Marktzinsänderungen sie nicht auf dem falschen Fuß erwischen.

Wenn Sie sich sicher sind, dass das Zinsniveau fällt, ist die Strategie einfach: Sie suchen sich das Zinsangebot – Festgeld, Anleihe oder Fonds – mit der besten Rendite und legen Ihr Geld so lange fest, wie Sie es entbehren können oder der Sinkflug der Zinsen Ihrer Meinung nach anhält.

Schwieriger wird es, wenn Sie sich über die künftige Entwicklung unsicher sind oder steigende Zinsen erwarten. Aber auch für diese Fälle gibt es passende Strategien.

Die Treppenstrategie
Die Treppenstrategie verbindet den Wunsch nach sicherer Rendite und Flexibilität bei Zinsänderungen oder außerplanmäßigem Geldbedarf am besten. Dazu verteilen Sie die Anlagesumme auf verschiedene Laufzeiten.

Beispiel: Sie möchten 25 000 Euro anlegen. Dann teilen Sie die Summe in Tranchen von jeweils 5 000 Euro und legen jeden Teilbetrag unterschiedlich lange fest, beispielsweise ein, zwei, drei, vier und fünf Jahre. Werden nach zwölf Monaten die ersten 5 000 Euro fällig, legen Sie sie wieder zu den dann gültigen Konditionen für fünf Jahre fest.

Sind die Zinsen in der Zwischenzeit gestiegen, erwirtschaftet das wieder angelegte Geld bereits bessere Renditen. Damit nicht genug: Steigen die Zinsen in den Folgejahren ebenfalls, wachsen Schritt für Schritt auch die übrigen Erträge, wenn Sie mit den anderen jeweils freigewordenen Tranchen dasselbe tun. Sinken die Zinsen wider Erwarten, riskieren Sie mit dieser Strategie zwar Verluste. Diese werden aber durch die Aufteilung der Anlagesumme begrenzt.

Auch wenn Sie so anfangs eine geringere Gesamtzinserwartung haben, als wenn Sie den gesamten Betrag für fünf Jahre festlegen, hat die Treppenstrategie mehrere Vorteile:

▶ Bauen Sie Ihr Treppendepot mit Anleihen, wird durch die Laufzeitstaffelung die höhere Stabilität von kurzfristigeren Papieren bei Zinsänderungen mit den höheren Zinsaussichten von längerfristigen Anleihen kombiniert. So wird die Anfälligkeit der Anleihen für Marktzinsänderungen und damit die Wertschwankung aufgrund der durchschnittlichen Laufzeit der Anleihen gesenkt.

▶ Sie bleiben vergleichsweise flexibel. Denn Sie erhalten regelmäßige Rückzahlungen der jeweils fälligen Anleihen. Diese können Sie wieder in länger laufende Anleihen investieren, wenn das Zinsniveau gestiegen ist und damit höhere Renditen möglich sind.

▶ Sind die Zinsen vorübergehend gefallen, müssen Sie nicht gleich wieder reinvestieren, sondern können einfach abwarten und das Geld auf einem Tagesgeldkonto parken. Die noch im Depot befindlichen Anleihen erzielen dann dennoch höhere Zinsen, als der Markt hergibt.

Die Treppenstrategie lässt sich an die persönliche Chance-Risiko-Mentalität anpassen, indem man nicht nur Anleihen höchster Bonität und mit verschiedenen Laufzeiten mischt, sondern auch solche mit schlechterer Bonität, dafür aber höheren Zinsen einstreut. Das erhöht die Renditechancen. Aber Vorsicht: Das Rating der unsichereren Anleihen sollte mindestens Baa3 (Moody's) beziehungsweise BBB- (S & P und Fitch) betragen.

Natürlich funktioniert das Treppensparen auch mit – einlagengesicherten – Festgeldanlagen. Suchen Sie sich dazu beispielsweise mit unserem Produktfinder Zinsen unter www.test.de/zinsen die besten Angebote für Festgelder mit Laufzeiten zwischen ein und fünf Jahren. Das sind grundsätzlich Onlinebanken und Töchter ausländischer Institute. Die Stiftung Warentest nimmt dabei nur Institute aus ↗ sicheren EU-Ländern in ihre Vergleiche auf. Das stellt sicher, dass bei allen Anbietern nach EU-Recht mindestens 100 000 Euro pro Anleger und Bank geschützt sind. Mittlerweile müssen Sie auch nicht mehr bei verschiedenen Banken Konten eröffnen, um das jeweils beste Zinsangebot für jede Laufzeit zu erhalten. Über ein Zinsportal können Sie sich Ihre Festgeldtreppe bequem mit Festgeldern unterschiedlicher Banken zusammenstellen.

Welche EU-Länder das sind, zeigt die Grafik „Wo es sichere Zinsen gibt" auf S. 77.

Kürzere Laufzeiten bei niedrigen Zinsen

Sie können die längste Laufzeit Ihrer Treppenspar-Anlagen zwar selbst bestimmen und entsprechend dem Aufwand, den Sie betreiben wollen, die anderen Laufzeiten einteilen. In Zeiten mit einem niedrigen und absehbar steigenden Zinsniveau ist es aber sinnvoller, nur eine Treppe mit Laufzeiten von drei bis fünf Jahren aufzubauen. Denn Anleger mit länger laufenden festverzinslichen Anlagen können auf einen Anstieg des allgemeinen Zinsniveaus nicht reagieren.

Die Hantelstrategie

Die Hantelstrategie reduziert den Aufwand der Treppenstrategie und konzentriert den zur Verfügung stehenden Anlagebetrag auf zwei Extremlaufzeiten. Sie investieren dabei nur in Festzinsanlagen mit kurzer und mit langer Restlaufzeit. Die Laufzeiten sind somit

Die Treppenstrategie

So könnte eine Treppenstrategie mit Laufzeiten bis fünf Jahre aussehen: Sie investieren in fünf Anleihen (oder Festgeld) mit einer Laufzeit von einem bis fünf Jahren. Immer wenn eine Anlage ausläuft, kaufen Sie eine neue mit fünfjähriger Laufzeit.

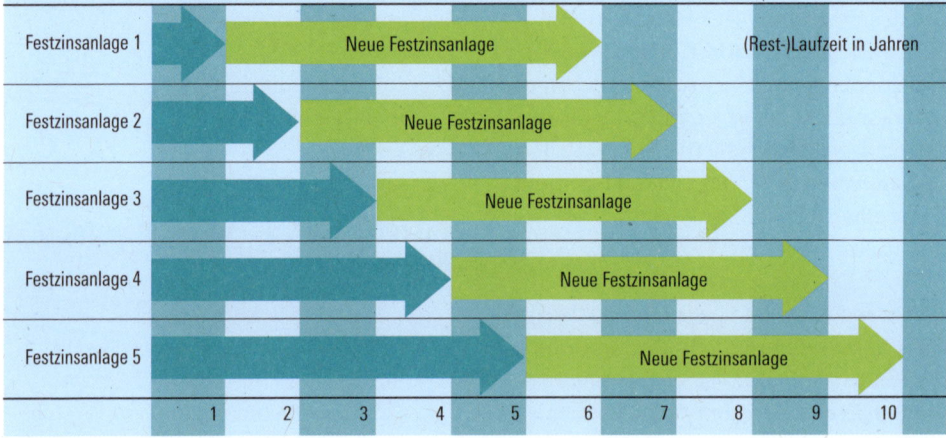

wie die Gewichte einer Hantel am linken und rechten Laufzeitspektrum platziert. Auf diese Weise haben Sie nicht Ihr gesamtes Kapital langfristig gebunden und können mit den kurzfristigen Festzinsanlagen auf eventuelle Marktzinssteigerungen reagieren. Bei fallenden Zinsen können Sie das Geld aus den fällig gewordenen kurzfristigen Anleihen auch in andere Anlageklassen wie zum Beispiel Aktien oder Immobilien investieren. Beachten Sie dann aber, dass sich möglicherweise das Risiko Ihrer Gesamtanlagen verschiebt. Ohne den gesamten Teil Ihrer festverzinslichen Anlagen mittelfristig gebunden zu haben, erzielen Sie mit dieser Strategie eine Rendite, die im

Schnitt der einer mittelfristigen Anleihe entspricht. Wählen Sie immer eine „Hantellänge", die zu Ihren Zielen passt.

Beispiel: Sie investieren einen Betrag von 20 000 Euro zu je 10 000 Euro in ein Festgeld mit zweijähriger Restlaufzeit und eine Anleihe mit zehnjähriger Restlaufzeit. Wird das zweijährige Festgeld fällig, ersetzen Sie dieses durch ein neues Festgeld mit zweijähriger Restlaufzeit. Wenn die Fälligkeiten zu nahe zusammenrücken (beispielsweise nach der dritten Verlängerung des Zweijahresfestgeldes), können Sie den Abstand zwischen den Extremlaufzeiten wieder herstellen.

Die Kugelstrategie

Die Kugelstrategie (auch Bullet- oder Punkt-strategie) eignet sich für Anleger, die unsicher sind, ob das Zinsumfeld zukünftig besser wird, die ihr Geld aber zu einem festen Zeitpunkt zurückhaben wollen. Bei dieser Strategie werden die Fälligkeiten der Zinsanlagen daher auf einen Zeitpunkt konzentriert. Das funktioniert, indem man über mehrere Jahre nach und nach in Anleihen oder Festgelder investiert und dabei die Restlaufzeiten so wählt, dass alle Anlagen nahezu zur gleichen Zeit fällig werden.

Beispiel: Ein Anleger möchte in acht Jahren in Ruhestand gehen und dann eine Weltreise machen. Daher möchte er Teile seines Aktiendepots im Wert von rund 16 000 Euro in festverzinsliche Wertpapiere umschichten. Damit er aber auf zukünftige Marktzinssteigerungen reagieren kann, verkauft er zunächst nur Aktien im Wert von 4 000 Euro und kauft dafür eine Anleihe mit acht Jahren Restlaufzeit. Nach weiteren drei Jahren schichtet er Aktien im Wert von 6 000 Euro in eine fünfjährige Anleihe um. Da nach weiteren zwei Jahren die Marktzinsen relativ hoch sind, schichtet er jetzt den Restbetrag von 6 000 Euro in eine Anleihe mit einer Restlaufzeit von drei Jahren um. Zum Rentenbeginn werden alle drei Anleihen fällig. Mit dem Erlös kann er seine Reise finanzieren.

So funktioniert die Einlagensicherung für Anleger in Deutschland

Die gesetzliche Einlagensicherung in der gesamten Europäischen Union (EU) beträgt 100 000 Euro pro Anleger und Bank. Besonderheiten gelten wegen der Wechselkursschwankungen für Banken in Großbritannien und Schweden. Viele auf dem deutschen Markt tätige Kreditinstitute garantieren weit höhere Beträge über zusätzliche Sicherungssysteme.

Die Stiftung Warentest empfiehlt derzeit nur Banken aus EU-Ländern mit Topbewertungen aller drei großen Ratingagenturen Fitch, Moody´s und Standard & Poor´s. Gleiches gilt auch für Länder des Europäischen Wirtschaftsraumes (EWR), wenn sie über eigene Sicherungseinrichtungen mindestens 100 000 Euro absichern. In der Tabelle werden alle Länder aufgeführt, die diese Topbewertung haben, sowie die dort ansässigen Banken. Die Tabelle nennt die zuständigen Sicherungseinrichtungen sowie die empfohlenen Höchstgrenzen pro Anleger und Bank. Weitere Informationen über die Einlagensicherung in Deutschland finden Sie unter einlagensicherung.de.

Banken oder Bankengruppe	Zuständige Sicherungssysteme für die Entschädigung im Pleitefall	Höhe der gesetzlichen Einlagensicherung (Euro)	Weitergehende Einlagensicherung [1]	Empfohlene Höchstgrenze pro Anleger (Euro)
Hauptsitz der Bank: Belgien				
Aion, Byblos Bank Europe, CKV Bank, KBC Bank	Belgische Einlagensicherung (fondsgarantie.belgium.be)	100 000	Keine	100 000
Hauptsitz der Bank: Dänemark				
Kompasbank	Dänische Einlagensicherung (fs.dk/finansiel-stabilitet-at-a-glance)	100 000	Keine	100 000
Hauptsitz der Bank: Deutschland				
Privatbanken:Aareal Bank, abcbank, ABK Allgemeine Beamtenbank, Akbank, Baader Bank, Bank11, Bankhaus August Lenz, Bankhaus Rautenschlein, BMW Bank, Comdirect Bank, Commerzbank, Creditplus Bank, Cronbank, Degussa Bank, Deutsche Bank, ebase (European Bank for Financial Services), FIL Fondsbank FFB, Fondsdepot Bank, Ford Bank, Gefa Bank, Grenke Bank,	Kombination: EdB Entschädigungseinrichtung deutscher Banken (edb-banken.de) und Einlagensicherungsfonds des BdB Bundesverband deutscher Banken (einlagensicherungsfonds.de)	100 000	Pro Anleger bis zu 15 Prozent des haftenden Eigenkapitals der Bank, mindestens 750 000 Euro, maximal 5 Millionen Euro [2].	Maximal 5 Millionen Euro [2]. Die genaue Haftungsgrenze kann direkt unter einlagensicherungfonds.de abgefragt werden.

Banken oder Bankengruppe	Zuständige Sicherungs-systeme für die Entschädigung im Pleitefall	Höhe der gesetzlichen Einlagensicherung (Euro)	Weitergehende Einlagensicherung [1]	Empfohlene Höchstgrenze pro Anleger (Euro)

Hauptsitz der Bank: Deutschland (Fortsetzung)

Banken oder Bankengruppe	Zuständige Sicherungssysteme für die Entschädigung im Pleitefall	Höhe der gesetzlichen Einlagensicherung (Euro)	Weitergehende Einlagensicherung [1]	Empfohlene Höchstgrenze pro Anleger (Euro)
Hamburg Commercial Bank, Hanseatic Bank, Hypovereinbank (Unicredit), ICICI Bank, IKB Privatkunden, ING, Isbank, Mercedes-Benz Bank, Merkur Privatbank, MMV Bank, National-Bank, Norisbank, Oberbank, OLB Oldenburgische Landesbank, Onvista Bank, Oyak Anker Bank, pbb direkt (Deutsche Pfandbriefbank), Postbank, ProCredit Bank, Quirin Privatbank, RSB (Retail Service Bank), Santander Consumer Bank, Steyler Ethik Bank, Südwestbank, Sutor Bank, Targobank, Volkswagen Bank, VTB Direktbank, Ziraat Bank	Kombination: EdB Entschädigungseinrichtung deutscher Banken (edb-banken.de) und Einlagensicherungsfonds des BdB Bundesverband deutscher Banken (einlagensicherungsfonds.de)	100 000	Pro Anleger bis zu 15 Prozent des haftenden Eigenkapitals der Bank, mindestens 750 000 Euro, maximal 5 Millionen Euro [2].	Maximal 5 Millionen Euro [2]. Die genaue Haftungsgrenze kann direkt unter einlagensicherungsfonds.de abgefragt werden.
akf bank, Bank of Scotland, Bankhaus Obotritia, C24 Bank, Deutsche Handelsbank, Eurocity Bank, Fidor Bank, flatex (Degiro) Bank, HKB Bank, KT Bank, N26 Bank, PEAC Bank, PSA Direktbank, Raisin Bank, Solarisbank, SWK Bank, Umweltbank, Varengold Bank	EdB Entschädigungseinrichtung deutscher Banken (edb-banken.de)	100 000	Keine	100 000
Öffentliche Banken: DKB Deutsche Kreditbank, SKG Bank	Kombination: EdB Entschädigungseinrichtung deutscher Banken (edb-banken.de) und Einlagensicherungsfonds des VÖB (voeb-es.de)	100 000	100 Prozent der Einlage	Keine Beschränkung
Alle Sparkassen sowie Landesbanken und Landesbausparkassen, 1822direkt, mbs direkt, Sbroker, Weberbank	Sicherungssystem der Sparkassen-Finanzgruppe im DSGV Deutscher Sparkassen- und Giroverband (dsgv.de)	Die gesetzliche Einlagensicherung bis 100 000 Euro ist Bestandteil eines Instituts-Sicherungssystems	100 Prozent der Einlage	Keine Beschränkung

Banken oder Bankengruppe	Zuständige Sicherungssysteme für die Entschädigung im Pleitefall	Höhe der gesetzlichen Einlagensicherung (Euro)	Weitergehende Einlagensicherung [1]	Empfohlene Höchstgrenze pro Anleger (Euro)
Alle Volks- und Raiffeisenbanken inklusive Sparda-Banken, PSD-Banken sowie der meisten Kirchenbanken, MKB Mittelstandskreditbank, Bausparkasse Schwäbisch Hall	BVR Institutssicherung und Sicherungseinrichtung des BVR Bundesverband der Deutschen Volksbanken und Raiffeisenbanken (bvr-institutssicherung.de)	Die gesetzliche Einlagensicherung bis 100 000 Euro ist Bestandteil eines Instituts-Sicherungssystems	100 Prozent der Einlage	Keine Beschränkung
Private Bausparkassen: Alte Leipziger Bauspar, Bausparkasse Mainz, BHW, BSQ Bauspar, Debeka Bauspar, Deutsche Bausparkasse Badenia, Signal Iduna Bauspar, start:bausparkasse, Wüstenrot Bausparkasse	EdB Entschädigungseinrichtung deutscher Banken (edb-banken.de)	100 000	Keine	100 000
Lebensversicherer: CosmosDirect	Sicherungseinrichtung deutscher Lebensversicherer „Protektor" (protektor-ag.de)	-	Unbegrenzt [3]	Keine Beschränkung
Hauptsitz der Bank: Finnland				
Fellow Bank	Finnische Einlagensicherung (rvv.fi)	100 000	keine	100 000
Hauptsitz der Bank: Frankreich				
Consorsbank, DAB BNP Paribas	Kombination: Französische Einlagensicherung (garantiedesdepots.fr) und Sicherungsfonds des BdB (einlagensicherungsfonds.de)	100 000	Pro Anleger bis zu 15 Prozent des haftenden Eigenkapitals der Bank [2]	5 000 000
Banque BCP S.A.S., Banque Wormser, BGFIBank Europe, Crédit Agricole Consumer Finance, Ditto Bank, EBI Groupe Ecobank, Memo Bank, My Money Bank, My Partner Bank (ex BESV), Oney Bank, Opel Bank, Orange Bank, Renault Bank Direkt, Union de Banques Arabes et Françaises (UBAF), Younited Credit	Französische Einlagensicherung (garantiedesdepots.fr)	100 000	Keine	100 000
Hauptsitz der Bank: Großbritannien				
Atom Bank, Bank & Clients, Close Brothers, FirstSave Euro, Wyelands Bank	Britische Einlagensicherung (fscs.org.uk)	85 000 Britische Pfund, umgerechnet in Euro [4]	Keine	80 000

Banken oder Bankengruppe	Zuständige Sicherungs-systeme für die Entschä-digung im Pleitefall	Höhe der gesetzli-chen Einla-gensiche-rung (Euro)	Weiterge-hende Ein-lagensi-cherung [1]	Empfohlene Höchstgrenze-pro Anleger (Euro)
Hauptsitz der Bank: Irland [5]				
Barclays Bank	Kombination: Irische Einlagensicherung (depositguarantee.ie) und Sicherungsfonds des BdB (einlagensicherungsfonds.de)	100 000	Pro Anleger bis zu 15 Prozent des haftenden Eigenkapi-tals der Bank [2]	5 000 000
Hauptsitz der Bank: Luxemburg				
Advanzia Bank, Bank GPB Interna-tional, East West Direkt, River Bank	Luxemburgische Einlagensi-cherung (fgdl.lu)	100 000	Keine	100 000
Hauptsitz der Bank: Niederlande				
Credit Europe Bank, DHB Bank, DLL, Garantibank, Leaseplan Bank, NIBC Direct, Triodos Bank, Yapi Kre-di Bank	Niederländische Einlagensi-cherung (dnb.nl)	100 000	Keine	100 000
Hauptsitz der Bank: Norwegen				
Bank Norwegian, BN Bank, Insta-bank, Komplett Bank, Lea Bank (ex BRAbank)	Norwegische Einlagensiche-rung (bankenessikringsfond.no)	100 000 (aus-gezahlt in Norwegi-schen Kro-nen)	Keine	100 000
Hauptsitz der Bank: Österreich				
Addiko Bank, Austrian Anadi Bank, Banco do Brasil (Wien), Denizbank, Euram Bank, Kommunalkredit In-vest, Vakifbank, Wiener Privatbank	Österreichische Einlagensi-cherung (einlagensicherung.at)	100 000	Keine	100 000
Hauptsitz der Bank: Schweden				
Ikano Bank, Klarna Bank (Festgeld+)	Schwedische Einlagensiche-rung (riksgalden.se)	100 000	Keine	100 000
Aros Kapital, Avida Finans, Collector Bank, Erik Penser Bank, Hoist Spa-ren, Klarna Bank, Nordax Bank, Nor-diska, Northmill Bank, Qliro, Resurs Bank, TF Bank		1 050 000 Schwedische Kronen, um-gerechnet in Euro [4]	Keine	90 000

1) Die Einlagensicherung gilt für Guthaben auf dem Girokonto und dem Kreditkartenkonto, für Tagesgeld, Festgeld sowie Sparbriefe und Sparkonten, bei Bausparkassen auch für Bausparguthaben.   2) Ab Januar 2023 beträgt die Sicherungsgrenze maximal 5 Millionen Euro. Ab Januar 2025 sinkt diese Grenze auf 8,75 Prozent des haftenden Eigenkapitals einer Bank, mindestens 437 500 Euro, maximal 3 Millionen Euro. Ab Januar 2030 beträgt die Ober-grenze dann nur noch eine Million Euro pro Person und Bank.   3) Restrisiko bis zu fünf Prozent der vertraglich garantierten Leistungen für den Fall, dass in der Sicherungseinrichtung nicht genügend Geld ist.   4) Entspricht wegen des schwankenden Wechselkurses aktuell einem Gegenwert von deutlich unter 100 000 Euro.   5) Irland hat keine Bestnoten für die Wirtschaftskraft. Die Barclays Bank bleibt trotzdem empfehlenswert, weil sie zusätzlich Mit-glied im Einlagensicherungsfonds des BdB ist.   Stand: Februar 2023

Noten für die Wirtschaftskraft

In die Zinsvergleiche von Finanztest kommen derzeit nur Angebote von Banken aus EU-Ländern und Ländern des Europäischen Wirtschaftsraumes (EWR), die von allen drei großen Ratingagenturen Bestnoten für ihre Wirtschaftskraft erhalten.

Land (Länderkürzel)	Aktuelle langfristige Länder-Ratings [1]			Einwohner Anfang 2022	Bruttoinlands-produkt (BIP) 2021	Reales BIP pro Einwohner 2021
	Fitch	Moody´s	Standard & Poor´s	(Millionen) [2]	(Milliarden Euro) [2]	(Tausend Euro) [2]
Bestnoten für Wirtschaftskraft – Finanztest nimmt üblicherweise Angebote der Banken in seine Zinstests auf						
Belgien (B)	AA-	Aa3	AA	11,63	506	43,7
Dänemark (DK)	AAA	Aaa	AAA	5,86	337	57,5
Deutschland (D)	AAA	Aaa	AAA	83,20	3.602	43,3
Frankreich (F)	AA	Aa2	AA	67,84	2.501	36,7
Finnland (FIN)	AA+	Aa1	AA+	5,54	251	45,4
Großbritannien (GB)	AA-	Aa3	AA	67,50	2.527 (2019)	37,8 (2019)
Luxemburg (L)	AAA	Aaa	AAA	0,644	73	114,4
Niederlande (NL)	AAA	Aaa	AAA	17,73	856	48,8
Norwegen (N)	AAA	Aaa	AAA	5,43	408	75,4
Österreich (A)	AA+	Aa1	AA+	8,97	403	45,0
Schweden (S)	AAA	Aaa	AAA	10,44	537	51,6
Keine Bestnoten für Wirtschaftskraft – Angebote sind aus den Finanztest-Zinstests ausgeschlossen						
Bulgarien (BG)	BBB	Baa1	BBB	6,84	68	9,9
Estland (EST)	AA-	A1	AA-	1,33	31	22,6
Griechenland (GR)	BB	Ba3	BB+	10,60	183	17,1
Irland (IRL)	AA-	A1	AA-	5,06	426	84,9
Italien (I)	BBB	Baa3	BBB	59,61	1.775	30,0
Kroatien (HR)	BBB+	Baa2	BBB+	4,04	57	14,7
Lettland (LV)	A-	A3	A+	1,88	33	17,5
Litauen (LT)	A	A2	A+	2,81	55	19,8

Land (Länderkürzel)	Aktuelle langfristige Länder-Ratings [1]			Einwohner Anfang 2022	Bruttoinlands-produkt (BIP) 2021	Reales BIP pro Einwoh-ner 2021
	Fitch	Moody´s	Standard & Poor´s	(Millio-nen) [2]	(Milliarden Euro) [2]	(Tausend Euro) [2]
Malta (M)	A+	A2	A-	0,521	15	28,3
Polen (PL)	A-	A2	A-	37,65	574	15,1
Portugal (P)	BBB+	Baa2	BBB+	10,35	211	20,5
Rumänien (RO)	BBB-	Baa3	BBB-	19,04	240	12,5
Slowakei (SK)	A	A2	A+	5,43	97	17,8
Spanien (E)	A-	Baa1	A	47,43	1.205	25,5
Tschechien (CZ)	AA-	AA3	AA-	10,55	238	22,3
Zypern (CY)	BBB-	Ba1	BBB-	0,905	23	26,0
Bisher keine Zinsangebote für Anleger in Deutschland						
Slowenien (SLO)	A	A3	AA-	2,11	52	24,8
Ungarn (H)	BBB	Baa2	BBB	9,69	154	15,9

Langzeit-Ratingklassen: AAA / Aaa = Sehr sichere Anlage.   AA+ bis AA- / Aa1 bis Aa3 = Sichere Anlage.   A+ bis A- / A1 bis A3 = Sichere An-lage, solange Wirtschaftslage stabil bleibt .   BBB+ bis BBB- / Baa1 bis Baa3 = Durchschnittlich sichere Anlage.   BB+ bis BB- / Ba1 bis Ba3 = Leicht spekulative Anlage.   B+ bis B- / B1 bis B3 = Spekulative Anlage, erhöhte Gefahr von Zahlungsausfällen.   CCC+ bis C / Caa1 bis Caa3 = Hochspekulative Anlage, hohe Gefahr von Zahlungsausfällen.   1) Quelle: Börsenzeitung.   2) Bruttoinlandsprodukt zu Marktpreisen. Quelle: Eurostat.   Stand: Januar 2023

Fachbegriffe erklärt

Abgeltungsteuer: Kapitalerträge, das heißt, Gewinne aus Wertpapierverkäufen sowie Zinsen und Dividenden, die oberhalb eines Sparerpauschbetrags von 1 000 Euro für Singles und 2 000 Euro für Verheiratete liegen, werden pauschal mit 25 Prozent besteuert. Hinzu kommen der Solidaritätszuschlag und gegebenenfalls Kirchensteuer.

Aktiv gemanagter Fonds: Fondsmanager wählen die Titel im Fonds aus, in die sie das Geld der Anleger investieren. Sie orientieren sich dabei mehr oder weniger eng an einem Index. Je nachdem, wie sie bei der Auswahl der Titel vorgehen, spricht man zum Beispiel von Growth oder Value-Ansatz. Siehe auch: Passiv gemanagter Fonds.

Anleihe: Verzinsliche Schuldverschreibung mit meist fester Laufzeit. Anleihen werden von Einrichtungen der öffentlichen Hand (Bund, Länder, Gemeinden), Unternehmen oder Banken herausgegeben und an der Börse gehandelt. Die Zinshöhe ist abhängig von der Laufzeit und Kreditwürdigkeit des Herausgebers (Emittent). Der Emittent ist verpflichtet, dem Gläubiger (Anleger) zum Laufzeitende den Nominalwert, also den bei Emission der Anleihe verbrieften Betrag, zurückzuzahlen. Wird die Anleihe während der Laufzeit verkauft, kann der Kurswert vom Nominalwert abweichen, Anleger können also einen Kursgewinn oder -verlust erzielen.

Asset Allocation: Die prozentuale Aufteilung der Geldanlagen eines Anlegers in Anlageklassen und Anlagemärkte.

Ausgabeaufschlag: Differenz zwischen Ausgabe- und Rücknahmepreis eines Fonds. Je nach Kaufquelle gibt es auf den Ausgabeaufschlag einen Rabatt oder der Aufschlag entfällt komplett. Der Ausgabeaufschlag ist eine Vergütung für den Vertrieb.

Ausschüttender Fonds: Ein ausschüttender Fonds zahlt Erträge aus Wertpapieren wie Zinsen oder Dividenden regelmäßig an die Anleger aus. Anders verfahren thesaurierende Fonds.

Bond: Englisch für Anleihe.

Bonität: Die Bonität bezeichnet die Kreditwürdigkeit eines Unternehmens, eines Staates oder auch eines Bankkunden. Gute Bonität bedeutet hohe Kreditwürdigkeit.

Briefkurs: Preis, zu dem Verkäufer bereit sind, Wertpapiere zu verkaufen. Der Briefkurs liegt immer über dem Geldkurs.

Depot: Wertpapiere, etwa Aktien, Anleihen und Fonds, werden in einem Depot verwahrt. Es ist eine Art Konto, auf dem Zu- und Abgänge verbucht werden.

Diversifikation: Streuung von Geldanlagen auf mehrere Anlageklassen wie zum Beispiel Aktien, Festzinsanlagen, Immobilien, Rohstoffe mit dem Ziel, das Risiko zu reduzieren.

Duration: Englisch für Dauer. Die Duration beschreibt, wie lange das Geld in einer Anleihe oder einem Rentenfonds im Schnitt gebunden ist. Sie ist kürzer als die Restlaufzeit der Anleihen, weil der Anleger während der Laufzeit Zinsen bekommt. Je länger die Duration, desto empfindlicher reagieren Anleihen und Rentenfonds auf Zinsänderungen.

Emerging Markets (Schwellenländer): Staaten, die den Stand eines Entwicklungslandes verlassen haben und sich auf der Schwelle zu einer bedeutsamen industrialisierten Volkswirtschaft befinden. Dazu zählen zum Beispiel die Türkei, China, Südkorea oder Brasilien.

Emissionsrendite: Rendite von festverzinslichen Wertpapieren bei ihrer erstmaligen Ausgabe (Emission).

Emittent: Der Herausgeber eines Wertpapiers, zum Beispiel einer Anleihe oder eines Zertifikats.

Emittentenrisiko: Gefahr, dass sich die Kreditwürdigkeit des Herausgebers einer Schuldverschreibung (Anleihe, Zertifikat) verschlechtert oder er pleitegeht. Dies kann zum (teilweisen) Ausfall von Zinszahlungen und im Pleitefall zum Totalverlust führen.

ETC: Abkürzung für Exchange Traded Commodity.

ETF: Abkürzung für Exchange Traded Funds.

Exchange Traded Commodity: Abgekürzt ETC. Börsengehandelte Wertpapiere, mit denen Anleger auf Rohstoffe setzen können. Im Unterschied zu ETF handelt es sich bei ETC nicht um Fonds, sondern um Schuldverschreibungen. Das heißt, das Geld der Anleger ist bei einer Insolvenz des Emittenten nicht durch ein Sondervermögen geschützt.

Exchange Traded Funds: Abgekürzt ETF. Börsengehandelte Fonds. In der Regel bilden ETF einen Index ab. Es handelt sich um börsengehandelte Indexfonds. Für ETF gelten im Vergleich zu anderen Fonds höhere Anforderungen an den Börsenhandel. Ein oder mehrere sogenannte Market Maker müssen an der Börse für bestimmte Ordergrößen verbindliche An- und Verkaufskurse stellen. Das – zusammen mit weiteren Regeln – soll gewährleisten, dass ETF so liquide und präzise bewertet wie möglich an der Börse gehandelt werden können.

Festzins: Zins, der für einen vereinbarten Zeitraum (Zinsbindungsfrist) oder für die gesamte Laufzeit eines Darlehensvertrags festgeschrieben ist. Ist die Zinsbindungsfrist länger als zehn Jahre, kann der Darlehensnehmer dennoch nach Ablauf von zehn Jahren unter Einhaltung einer Kündigungsfrist von sechs Monaten kündigen.

Fonds (Investmentfonds): Eine Fondsgesellschaft (Kapitalverwaltungsgesellschaft) sammelt Geld der Anleger und bündelt es in einem Sondervermögen, dem Investmentfonds. Ein Fondsmanager entscheidet, in welche Werte entsprechend der Strategie des Fonds angelegt wird. In Betracht kommen vor allem Investitionen in Aktien (Aktienfonds), festverzinsliche Wertpapiere (Rentenfonds), beides (Mischfonds), Geldmarktinstrumente (Geldmarktfonds), Immobilien (offene Immobilienfonds) und andere Investmentfonds (Dachfonds).

Fondsanteil: Das Vermögen eines Investmentfonds wird in kleine Fondsanteile gestückelt – gewissermaßen die kleinsten handelbaren Einheiten des Fondsvermögens. Bei Fondssparplänen können allerdings auch Bruchteile gehandelt werden.

Fondsgesellschaft: Offiziell heißen Fondsgesellschaften Kapitalverwaltungsgesellschaften, früher Kapitalanlagegesellschaften.

Fondsmanager: Fondsmanager verwalten das Vermögen der Anleger eines Fonds und entscheiden, oft gemeinsam mit Analysten aus ihrem Team, welche Wertpapiere sie kaufen oder verkaufen.

Fondsvermögen: Wert eines Investmentfonds, das heißt, die Summe aller Vermögensgegenstände und Forderungen, die dem Fonds gehören, abzüglich der Verbindlichkeiten.

Freistellungsauftrag: Anleger können ihrer Investmentgesellschaft oder Bank einen Freistellungsauftrag erteilen (Alleinstehende: bis 801 Euro, Ehepaare: bis 1 602 Euro, kann auf mehrere Banken verteilt werden). Dann werden bis zu dieser Summe keine Steuern von den jährlichen Erträgen – etwa Zinsen, Dividenden und realisierte Wertsteigerungen bei Wertpapieren – abgezogen.

Handelsspanne: Siehe Spread.

High-Yield-Fonds: Yield ist die englische Bezeichnung für Ertrag, high yield bedeutet hohe Erträge. High-Yield-Fonds sind Rentenfonds, die in Hochzinsanleihen investieren. Allerdings bieten sie nicht nur höhere Ertragsmöglichkeiten, sondern bergen auch höhere Risiken.

Hochzinsanleihe: Anleihen mit hohen Zinsen als Ausgleich für die schlechtere Bonität des Herausgebers. Siehe auch High-Yield-Fonds.

Indexfonds: Fonds, der einen Index abbildet. Da so aktive Managemententscheidungen überflüssig werden, nennt man Indexfonds auch passive Fonds. Zu den bekanntesten Indexfonds zählen ETF (börsengehandelte Indexfonds), wobei nicht alle ETF Indexfonds sind. Dennoch werden die beiden Begriffe meist synonym verwendet.

Investmentfonds: Siehe Fonds.

Investment Grade: Bezeichnung für Anleihen mit guter Bonität beziehungsweise gutem Rating. Der Investment Grade umfasst die Noten AAA, AA, A und BBB (nach der Definition der Ratingagentur Standard & Poor's).

Isin: Abkürzung für International Securities Identification Number. International gültige zwölfstellige Kennnummer für Wertpapiere.

Junk Bonds: Englische Bezeichnung für Ramschanleihen, also Anleihen mit schlechter Bonität.

Kapitalverwaltungsgesellschaft: Eine Kapitalverwaltungsgesellschaft (KVG) – auch Fondsgesellschaft genannt – verwaltet die Fonds für die Anleger.

Kupon: Der Kupon bezeichnet die Nominalverzinsung einer Anleihe und wird in Prozent ausgedrückt.

Limit: Zusatzangabe bei einer Wertpapierorder, dass nur zu einem bestimmten Preis gekauft oder verkauft werden soll.

Liquidität: Fähigkeit, Zahlungsverpflichtungen kurzfristig erfüllen zu können.

Nennwert: Der Wert, auf den eine Anleihe lautet, auch Nennbetrag oder Nominalwert genannt. Am Ende der Laufzeit zahlt der Anleiheherausgeber den Nennwert an die Anleger zurück.

Nominalwert: Siehe Nennwert.

Nominalzins: Zins, der auf den Nennwert einer Anleihe gezahlt wird. Mit Nominalverzinsung bezeichnet man die Verzinsung vor Abzug von Steuern und Inflation.

Passiv gemanagter Fonds: Fonds, der kein aktives Management betreibt, sondern – passiv – einen Index abbildet. Siehe auch Indexfonds bzw. ETF.

Pfandbrief: Festverzinsliches Wertpapier, das zusätzlich abgesichert ist, zum Beispiel mit einer Hypothek.

Portfolio: Bezeichnung für den Gesamtbestand an Geldanlagen eines Anlegers. Ein breit gestreutes Portfolio beinhaltet eine Mischung aus Aktien, Anleihen, Immobilien, Rohstoffen und liquiden Geldanlagen.

Quellensteuer: Steuer, die direkt an der Quelle abgezogen wird, zum Beispiel auf Dividendenzahlungen im Ausland.

Rating: Bei Zinsanlagen ist ein Rating eine Einschätzung der Kreditwürdigkeit des Herausgebers (Emittent).

Ratingagentur: Unternehmen, das Wertpapiere wie zum Beispiel Anleihen und deren Herausgeber bewertet.

Realzins: Nominalzins nach Abzug der Inflation.

Rendite: Die Wertentwicklung einer Anlage in einem bestimmten Zeitraum. Sie wird in der Regel für ein Jahr berechnet.

Renten: Anderer Ausdruck für Anleihe.

Schuldverschreibung: Anderer Begriff für Anleihe.

Schwellenländer: Siehe Emerging Markets.

Spread: Handelsspanne bei börsennotierten Wertpapieren. Der Spread ist der Unterschied zwischen dem An- und dem Verkaufskurs. Ein geringer Spread zeigt an, dass ein Papier häufig gehandelt wird, was für Anleger günstig ist.

Staatsanleihen: Anleihen, die von Staaten herausgegeben werden.

Stückzinsen: Zinsen, die vom letzten Zinszahlungstermin bis zum Kauftag einer Anleihe anfallen. Der Käufer der Anleihe muss dem Verkäufer diese Zinsen zahlen, da er für den seit der letzten Zinszahlung vergangenen Zeitraum den Zinsanspruch des Verkäufers mit erwirbt und beim nächsten Zinstermin die volle Zinszahlung vom Anleiheherausgeber erhält.

Thesaurierende Fonds: Thesaurierende Fonds zahlen im Gegensatz zu ausschüttenden Fonds die laufenden Erträge der im Fonds enthaltenen Werte nicht an die Anleger aus, sondern legen sie im Fondsvermögen an, sodass sich das Fondsvermögen erhöht.

Unternehmensanleihen: Anleihen, die Unternehmen herausgeben.

Wertpapier: Urkunde, die ein Vermögensrecht verbrieft. Dazu gehören zum Beispiel Aktien, Anleihen, Schecks und Wechsel.

Wertpapierkennnummer: In Deutschland gebräuchliche sechsstellige Kennzahl für Wertpapiere. Siehe auch Isin.

Zertifikat: Ein Zertifikat ist rechtlich gesehen eine Schuldverschreibung (Anleihe). Ihre Wertentwicklung hängt von der Entwicklung eines Basiswerts ab. Bekannte Beispiele sind Indexzertifikate oder Hebelzertifikate.

Zins: Der Zins einer Anleihe setzt sich aus mehreren Bestandteilen zusammen. Je länger die Laufzeit der Anleihe, desto höher ist er. Der Zins würdigt zudem das Risiko, dass Anleger ihr Geld nicht wiederbekommen. Je unzuverlässiger der Herausgeber, desto höher ist er. Und er schafft einen Ausgleich für die Inflation, die allgemein für die Laufzeit angenommen wird. Je höher die Inflationserwartungen, desto höher der Zins.

Zinsänderungsrisiko: Wenn sich am Markt die Zinsen ändern, verändert sich auch der Preis der umlaufenden Anleihen. Steigen die Zinsen, sinkt ihr Kurs. Der Effekt ist umso stärker, je länger eine Anleihe noch läuft. Sinkt der Zins, ist der Effekt genau umgekehrt.

Zinskupon: Siehe Kupon.

Register

Die Stiftung Warentest wurde 1964 auf Beschluss des Deutschen Bundestages gegründet, um dem Verbraucher durch vergleichende Tests von Waren und Dienstleistungen eine unabhängige und objektive Unterstützung zu bieten.

Die Autoren Stefanie Kühn und Markus Kühn sind Honorarberater und Finanzfachwirte (FH). Sie sind gefragte Dozenten und Ratgeber in Presse, TV und Social Media. Beide haben bereits mehrere Bücher zum Thema Geldanlage veröffentlicht. Das Buch ist ein Auszug aus ihrem „Handbuch Geldanlage".

2., aktualisierte Auflage
© 2023 Stiftung Warentest, Berlin

Stiftung Warentest
Lützowplatz 11–13
10785 Berlin
Telefon 0 30/26 31–0
Fax 0 30/26 31–25 25
www.test.de
email@stiftung-warentest.de

USt-IdNr.: DE136725570

Vorstand: Hubertus Primus
Weitere Mitglieder der Geschäftsleitung:
Dr. Holger Brackemann, Julia Bönisch,
Daniel Gläser

Programmleitung: Niclas Dewitz

Autoren: Stefanie Kühn, Markus Kühn
Projektleitung/Lektorat: Ursula Rieth, Philipp Sperrle

Mitarbeit: Merit Niemeitz
Korrektorat: Hartmut Schönfuß
Fachliche Unterstützung: Karin Baur, Simeon Gentscheff. Außerdem: Roland Aulitzky, Uwe Döhler, Yann Stoffel
Titelentwurf: Josephine Rank, Berlin
Layout, Satz: Martina Römer, Berlin; Anne-Katrin Körbi
Bildnachweis: Rücktitel: Gettyimages/Sagadogo (li.); Colourbox
Infografiken/Diagramme: Martina Römer, René Reichelt

Produktion: Vera Göring
Verlagsherstellung: Rita Brosius (Ltg.), Romy Alig, Susanne Beeh
Litho: tiff.any, Berlin
Druck: Fromm + Rasch GmbH & Co. KG., Osnabrück

ISBN: 978–3–7471–0696–9

Wir haben für dieses Buch 100 % Recyclingpapier und mineralölfreie Druckfarben verwendet. Stiftung Warentest druckt ausschließlich in Deutschland, weil hier hohe Umweltstandards gelten und kurze Transportwege für geringe CO_2-Emissionen sorgen. Auch die Weiterverarbeitung erfolgt ausschließlich in Deutschland.